全国建设行业职业教育任务引领型规划教材

房地产经纪操作实务

（房地产类专业适用）

主编　彭玉蓉
主审　周建华

中国建筑工业出版社

图书在版编目（CIP）数据

房地产经纪操作实务／彭玉蓉主编. —北京：中国建筑工业出版社，2009

全国建设行业职业教育任务引领型规划教材. 房地产类专业适用

ISBN 978 - 7 - 112 - 11028 - 5

Ⅰ. 房…　Ⅱ. 彭…　Ⅲ. 房地产业 - 经纪人 - 职业教育 - 教材

Ⅳ. F299. 233

中国版本图书馆 CIP 数据核字（2009）第 090458 号

本书简要介绍了房地产经纪的基本知识，结合工作任务讲述了房地产经纪工作的准备知识、二手房买卖、房屋租赁、商品房销售代理及代办房地产登记等业务内容。

本书适于用作职业院校房地产类专业房地产经纪实务课程教材，也可用于房地产经纪公司中初级工作人员培训教材。

*　　*　　*

责任编辑：张　晶　朱首明
责任设计：赵明霞
责任校对：关　健　梁珊珊

全国建设行业职业教育任务引领型规划教材

房地产经纪操作实务

（房地产类专业适用）

主编　彭玉蓉

主审　周建华

*

中国建筑工业出版社出版、发行（北京西郊百万庄）

各地新华书店、建筑书店经销

北京嘉泰利德公司制版

北京密东印刷有限公司印刷

*

开本：787×1092 毫米　1/16　印张：7¼　字数：180 千字

2009 年 8 月第一版　2012 年 1 月第三次印刷

定价：**15.00** 元

ISBN 978 - 7 - 112 - 11028 - 5

（18265）

教材编审委员会名单

主　任：温小明

副主任：张怡朋　游建宁

秘　书：何汉强

委　员：（按姓氏笔画排序）

王立霞　刘　力　刘　胜　刘景辉

苏铁岳　邵怀宇　张　鸣　张翠菊

周建华　黄晨光　彭后生

序　言

　　根据国务院《关于大力发展职业教育的决定》精神，结合职业教育形势的发展变化，2006 年底，建设部第四届建筑与房地产经济专业指导委员会在建筑经济管理、房地产经营与管理、物业管理三个专业中开始新一轮的整体教学改革。

　　本次整体教学改革从职业教育"技能型、应用型"人才培养目标出发，调整了专业培养目标和专业岗位群；以岗位职业工作分析为基础，以综合职业能力培养为引领，构建了由"职业素养"、"职业基础"、"职业工作"、"职业实践"和"职业拓展"五个模块构成的培养方案，开发出具有职教特色的专业课程。

　　专业指导委员会组织了相关委员学校的教研力量，根据调整后的专业培养目标定位对上述三个专业传统的教学内容进行了重新的审视，删减了部分理论性过强的教学内容，补充了大量的工作过程知识，以"工作任务"为单元进行了打破学科的整合、重组，开发出一批"任务型"的教学项目，制定了课程标准，并通过主编工作会议，确定了教材编写大纲。

　　"任务引领型"教材与职业工作紧密结合，体现职业教育"工作过程系统化"课程的基本特征和"学习的内容是工作，在工作中实现学习"的教学内容、教学模式改革的基本思路，符合"技能型、应用型"人才培养规律和职业教育特点，适应目前职业院校学生的学习基础，值得向有关职业院校推荐使用。

建设部第四届建筑与房地产经济专业指导委员会

前　　言

　　本书是一本职业院校房地产类专业教材。在编写模式上打破了过去依据学科体系编排的思路，采用任务引领型的编写模式，即以任务目的作为引导，以预先设定的任务背景为依托，将房地产经纪实务的各项技能要求设定为一项项具体任务，根据完成任务的步骤组织教材内容。

　　本着理论够用、技能为重的原则，本书在简要介绍房地产经纪基础知识的基础上，力图通过任务过程的学习引导学生掌握从事房地产经纪工作的基本技能。全书共设有五项任务，分别为：学习准备知识、二手房买卖、房屋租赁、商品房销售代理、代办房地产登记。

　　本书主要以广州市现行的房地产经纪操作流程、政策规定、收费标准等为基础进行编写，其他地区的读者在使用本书时，可结合本地区的实际情况，执行当地的相关规定。

　　本书由彭玉蓉担任主编，任务 1、2、5 由彭玉蓉编写，任务 4 由韩现国编写，任务 3 由甄雪清编写。

　　广州市土地房产管理学校的温小明校长、黄志洁副校长对本书的编写极为重视，上海房地产学校周建华高级讲师审阅了全书并提出了很多宝贵的意见，在此一并致以衷心的感谢。

　　本书在任务引领型教材的编写模式上是一种尝试，书中难免会有错漏之处，恳请读者予以批评指正。

目 录
CONTENTS

学习准备知识

[任务目标]

(1) 理解房地产经纪的概念。

(2) 了解房地产经纪的服务对象。

(3) 掌握房地产经纪的类型。

(4) 了解房地产经纪的业务内容。

(5) 了解房地产经纪人的职责和工作内容。

(6) 了解房地产经纪人的行为规范与职业道德。

(7) 了解房地产经纪机构的资质划分。

(8) 了解房地产经纪机构成立的条件。

(9) 了解房地产经纪机构的工作岗位。

(10) 了解房地产经纪机构的设立程序。

(11) 了解房地产经纪人与房地产经纪机构的关系。

[任务背景]

王晶晶是一名中职学校的学生，即将毕业的她，被学校推荐到一家知名的房地产经纪公司实习，主要从事房地产经纪工作。为了将来能更加顺利地开展工作，她提前对房地产经纪、房地产经纪人和房地产经纪公司的基本情况进行了详细的了解，以下是她了解到的情况。

过程 1.1　认识房地产经纪

1.1.1　了解房地产经纪的概念

房地产经纪是房地产中介的一部分。《城市房地产中介服务管理规定》中对房地产经纪的解释为："为委托人提供房地产信息和居间代理业务的经营活动。"通俗地讲，房地产经纪是以收取佣金为目的，为促成他人房地产交易而从事居间、代理等活动的经营行为。规范的房地产经纪服务是：房地产经纪机构接受当事人的委托之后，按照委托人的要求向其提供真实可靠的信息，如被当事人选中，则组织双方签订规范的交易合同，协助交易双方到房地产交易部门办理相应的手续（如交易过户），协助买方或受让方或承租方领取房屋所有权证、土地使用权证或房屋租赁证，并提醒交易双方按国家规定向政府主管部门缴纳有关税费。

1.1.2　了解房地产经纪的服务对象

房地产经纪的服务对象多种多样，几乎包括了房地产市场交易的所有主体。最常见的有：

（1）新商品房经营销售者、购买者。

（2）存量房（如二手房）出售者、购买者。

（3）房屋出租者、承租者。

（4）差价换房者、公有房屋使用权转租转让者与承租承让者、房地产抵押者、房地产典当者。

1.1.3　了解房地产经纪的基本类型

房地产经纪最主要的方式有居间、代理、行纪三种。

房地产居间是指向委托人报告订立房地产交易合同的机会或者提供订立房地产交易合同的媒介服务，并向委托人收取佣金的行为。分为房地产买卖居间、租赁居间、抵押居间、投资居间。它是经纪行为中广泛采用的一种基本形式，经纪人员与委托人之间没有长期固定的合作关系。在房地产居间业务中最常见的有两种：房地产转让居间（如房地产委托出售、委托购买或委托交换、代办房地产交易手续）、房地产租赁居间。

房地产代理是指以委托人的名义，在委托协议约定的范围内，为促成委托人与第三人进行房地产交易而提供专业服务，并向委托人收取佣金的行为。一般代理人与委托人之间具有长期的合作关系。商品房销售代理是我国目前房地产代理活动的主要形式，一般由房地产经纪机构接受房地产开发商委托，负责商品房的市场推广和具体销售工作。代理购房者申请个人住房抵押贷款是由此衍生出来的代理业务。

房地产行纪是指经纪机构受委托人的委托，以自己的名义与第三方进行交易，并承担规定的法律责任的商业行为，一般有长期固定的合作关系。

1.1.4 了解房地产经纪业务的内容

1. 收集和利用信息

信息是房地产经纪企业开展业务的重要资源。信息既可为房地产经纪企业寻找服务对象，开拓业务，了解市场，又可为中介服务对象所用，通过向客户传递信息，辅助其作出交易决策。

2. 接受委托人委托

接受委托人委托要签订委托合同（或称代理合同、经纪合同）。在正式接受委托前，要了解委托方的主体资格、生产经营状况及信誉，了解委托方的意图，并衡量接受委托、完成委托的能力。

3. 联络交易双方

主要是通过信息的传递来联络交易双方。该过程中，要宣传委托方的信誉和形象，宣传房地产经纪企业的声誉，宣传房地产经纪服务的内容、标准与要求等，树立房地产经纪企业的形象。

4. 公关协调

通过各种渠道收集交易双方形象和信誉的信息并沟通双方信息，有效组织双方交往和洽谈，营造良好的合作氛围。

5. 成交可行性分析

房地产经纪企业根据信息反馈不断进行沟通，洞察双方意向，进行成交可行性分析，并作出判断。若有可能成交时，进一步组织协调。

6. 代理签订合同或进行咨询与监督

主要是合同双方主体资格及合同内容的确定，如交易标的的数量、质量与规格、价款及支付时间与方式、履行期限与地点、违约责任等。

7. 实施合同

主要是合同实施过程中必要的协调与监督。

1.1.5 了解房地产经纪的行业性质

1. 中介性是房地产经纪服务的市场立场

中介性是经纪业所具有的基本特点，在促成交易上的主要表现是：在信息集聚基础上提供的信息沟通为当事人提供了更多的选择空间，由此伴随的专业性咨询服务对交易行为产生了促进作用。中介定位决定了房地产经纪行业的服务性质。

2. 信用性是房地产经纪服务的事业本质

信用性对经纪人和经纪企业来说，不只是企业品质的问题，而且是事业本质的要求，具有对行业发展一荣俱荣、一损俱损的影响性。信用性关系到房地产经纪人的社会责任、事业生命和发展基础。

3. 专业性是房地产经纪服务的功能基础

经纪人必须依托系统的专业知识，才能在交易过程的各个环节都严格把好安全关，才能有效体现房地产经纪服务的作用。首先，经纪服务必须符合房地产经纪的功能定位；其次，经纪服务必须符合一定的程序与质量标准。

1.1.6 了解我国房地产经纪行业现状

（1）规模小，资金实力弱。

（2）起步晚，操作水平低。

（3）从业人员素质不一，良莠不齐。

（4）影响不大，知名度低。

（5）各地区经纪水平参差不齐，服务内容也有较大差别。

（6）政府对房地产经纪人与房地产经纪企业的管理加强。

（7）开始出现房地产经纪人协会。

因此，房地产经纪企业的规模化、专业化、规范化、品牌化以及信息的网络化是我国房地产经纪行业发展的大势所趋。

过程 1.2　认识房地产经纪人

1.2.1　了解房地产经纪人的含义

房地产经纪人是指具备房地产经纪人条件，在房地产经济活动的各个环节中，提供房地产信息，沟通买卖双方，并受客户委托从事房地产居间、代理或行纪等业务，以收取佣金为目的的专门从事房地产经纪业务的机构或个人。

1.2.2　了解房地产经纪人职业资格

房地产经纪人职业资格分为房地产经纪人和房地产经纪人协理两种。

1. 房地产经纪人

是指通过全国房地产经纪人执业资格考试或者资格互认，取得中华人民共和国房地产经纪人执业资格，并按照有关规定注册，取得中华人民共和国房地产经纪人注册证书，从事房地产经纪活动的专业人员。

2. 房地产经纪人协理

是指通过房地产经纪人协理从业资格考试或者资格互认，取得中华人民共和国房地产经纪人协理从业资格，并按照有关规定注册，取得中华人民共和国房地产经纪人协理注册证书，在房地产经纪人的指导和监督下，从事房地产经纪具体活动的协助执行人员。

1.2.3 了解房地产经纪人的权利和义务

1. 权利

（1）依法发起设立房地产经纪机构。

房地产经纪人取得房地产经纪人执业资格证书后，可以有权领取营业执照，以个体房地产经纪人的身份或合伙、公司等方式从事房地产经纪活动。没有房地产经纪人资格证书的人员无权发起设立房地产经纪机构。

（2）加入房地产经纪机构，承担房地产经纪机构关键岗位。

房地产经纪人取得证书并注册后，可受聘于经纪公司，承担法人、合伙人、董事、经理等关键岗位。

（3）指导房地产经纪人协理开展各种经纪业务。

（4）经所在机构授权订立房地产经纪合同等重要文件。

（5）要求委托人提供与交易有关的资料。

（6）有权拒绝执行委托人发出的违法指令。

（7）执行房地产经纪业务并获得合理报酬。

2. 义务

（1）遵守法律、法规、行业管理规定和职业道德。

（2）如实介绍的义务。

（3）公平中介的义务。

（4）为委托人保守商业秘密。

（5）接受监督检查和依法纳税的义务。

（6）接受职业继续教育，不断提高业务水平。

1.2.4 了解房地产经纪人的经纪服务方式

1. 房地产政策咨询

（1）房地产法律法规咨询。

（2）房地产交易手续咨询。

（3）房地产诉讼仲裁咨询。

（4）房地产税费咨询。

2. 房地产信息中介服务

（1）信息查询

是指从数据库中为客户查寻相关信息并收取相应费用。

（2）信息咨询

是指专门以房地产信息、知识、技术为基础，通过对特定的信息进行加工，有针对性地为客户解决复杂问题的服务方式。

（3）代理业务

根据客户的要求代理计划的制订和实施，如房地产买卖、租赁、抵押等。

（4）其他延伸信息服务

为让客户满意度更高，房地产经纪人除提供信息外还适当提供如建筑、建材、装饰等方面的信息服务。

3. 房地产代办服务

（1）代办手续

主要是接受客户的委托代为办理房屋所有权买卖、房屋置换、房屋抵押、房地产公证等手续以及房地产捐献、赠与、继承手续等。

（2）代领证件

如代领房屋抵押证、商品房许可证、土地使用证等。

1.2.5 房地产经纪人的报酬

房地产经纪人获取报酬主要有佣金和差价两种方式，以佣金方式为主。佣金是房地产经纪人为委托人提供订约机会或充当订约介绍人，并在完成委托中介服务后由委托人按合同支付给房地产经纪人的合理劳动报酬。房地产经纪人获取佣金是按一定比例计算的，佣金费率一般由政府有关部门确定一个比率限度或区间。现实房地产经纪活动中，佣金通常以成交金额的多少为依据，国外房地产行业基本按6%收取，并限制低价收佣行为，而国内最高为3%，各地标准有所差异。如广州目前通常为买卖双方各1.5%，上海为买卖双方各1%。

房地产经纪人可在接受委托后预收部分佣金，在经纪成功后再一次收齐余额。经纪业务未完成的，经纪人应将预收款项退回给当事人。具体采用何种方式，经纪人应与当事人签约明示。

1.2.6 了解房地产经纪人的基本素质

1. 知识结构

（1）基础知识

1）经济学基础知识。

经济发展的周期与社会经济发展变化对房地产市场影响很大，了解这方面的知识，对于房地产市场的运作有一定的指导性。

2）管理学基础知识。

管理学融入了前人大量的智慧与思想，可帮助房地产经纪人将先进的管理思想运用于房地产经纪活动中。

3）法律知识。

主要是商法、民法（有关代理）、合同法及相关的税法等。

4）金融知识。

主要是涉及房地产开发经营、交易或影响房地产市场波动的银行贷款、按揭、保险、证券等方面的房地产金融知识。

（2）专业知识

1）房地产基本制度与政策知识。

了解《城市房地产管理法》等基本法律，熟悉《住房公积金条例》、《城市房屋拆迁条例》等行政法规，熟悉《城市商品房预售管理办法》、《房屋销售管理办法》、《城市房屋租赁管理办法》、《城市房地产中介服务管理规定》、《已购公有住房和经济适用房上市出售管理暂行办法》等规章。

2）房地产市场及市场营销知识。

房地产经纪人应当了解并研究房地产市场波动规律、供求关系、房地产价格、消费者行为分析、市场细分、市场预测、产品策略、定价策略、销售策略等。

3）房地产交易知识。

熟悉土地使用权出让、转让，房屋销售、抵押、出租及其他房地产交易的环节、条件、程序及行业术语。

4）房地产投资分析。

熟悉资金的时间价值、资金时间价值的换算、项目的现金流量分析、财务评价等。

5）建筑构造与建筑识图。

房地产经纪人应了解房屋的基本构成、建筑类型、建筑结构与工艺、建筑质量、装修档次等基本知识，能看懂平面图、立面图及效果图等。

此外，房地产经纪人还应熟悉房地产面积的测算，城市规划、景观设计、房屋装修、物业管理等相关专业知识，了解消费心理学与消费行为学在房地产市场营销中的运用，了解不同的社会文化背景与地方特色。

2. 职业道德

在中介行业中，良好的职业道德是经纪人的无形资产，房地产经纪人应具有良好的职业道德。主要包括：①诚实信用；②守法经营；③规范服务；④尽职尽责；⑤竞争合作。

1.2.7 房地产经纪人的职业技能

1. 基本能力

（1）拓展能力

房地产经纪的工作重心是要赢得市场，房地产经纪人必须具备一定的市场拓展能力，才能生存和发展。

（2）表达说服能力

房地产经纪人要与各种各样的客户打交道，面对不同的客户，要善于运用恰当的表达方式与客户交往，并有效地说服客户，才能赢得客户的认可，最终促成交易。

（3）判断能力

准确的判断能够帮助房地产经纪人有效处理各种信息，抓住市场机遇，洞悉客户心态，以便采取相应措施，提高成功率。

（4）协调能力

房地产经纪人应当具备一定的组织协调能力，处理好买卖双方和经纪人与客户的关系，解决好交易过程中出现的各种问题。

（5）经营能力

房地产经纪人的服务是以盈利为目的的，不懂经营之道和缺乏经营能力的经纪人很难生存和发展。

（6）创造能力

房地产市场的发展需要不断创新，房地产经纪人走在市场的第一线，缺乏创造能力的经纪人，是很容易被市场淘汰的。

2. 业务技能

业务技能是指具体工作和操作中必须掌握的规定、程序、手续与技巧等。包括：

（1）熟悉楼盘所在区域的规划与建设发展变化及前景。

（2）熟悉从业区域各个片区地理位置、环境、市政配套、生活配套、住宅小区配套等基本情况。

（3）熟悉从业地区的市场管理规定以及市场运作状况。

（4）熟悉从业地区房地产市场信息、楼市动态、价格行情等相关情况。

（5）熟悉从业地区的有关购房手续，银行按揭、保险、税费、物业管理等方面的内容、操作程序及相关费用等。

（6）了解从业地区房地产消费水平、消费结构、消费观念、消费心态的现状与趋势。

（7）熟悉代理楼盘产品的详细情况，包括位置、环境交通、建筑物基本情况、配套设施设备、特点、价格；了解产权状况、业主或发展商的信誉，有无法律纠纷、经济纠纷或其他问题；了解产品设计、生产、流通等各个环节的相关单位；熟悉竞争产品和对手；了解从业地区的房地产广告设计、媒体及其预算等情况。

（8）熟练掌握房地产销售接待、洽谈、成交的各种操作技巧。

过程 1.3　认识房地产经纪机构

1.3.1　了解房地产经纪机构的基本类型

房地产经纪机构是房地产和房地产市场发展到一定阶段的产物。房地产经纪机构有很多种类型。

按独立性划分，可分为专门的房地产经纪机构和房地产开发企业下属的房地产经纪机构。

按专业内容划分，可分为房地产居间经纪机构、房地产代理经纪机构、房地产行纪经纪机构。

按经纪业务客体划分，可分为商品房代理、二手房代理、商业地产代理、其他房地产代理。

按法人主体划分，可分为房地产经纪公司、合伙制房地产经纪机构、个人独资房地产经纪机构、房地产经纪机构设立的分支机构。

1.3.2　了解房地产经纪公司架构

房地产经纪机构的部门设置主要有四类：业务部门、业务支持部门、客户服务部门和其他部门。

1. 业务部门

一般由隶属于公司总部的业务部门和分支机构（主要是连锁店）构成。如，根据房地产类型可设置为住宅部、写字楼部、商铺部等；根据业务类型不同设置为置换业务部、租赁部、销售部等；根据业务区域分为东区、南区、北区、西区业务部等。

2. 业务支持部门

主要是为经纪业务开展提供必需的支持及保障的一些部门。包括交易管理部、评估部、网络信息部、研展部、办证部等。

3. 客户服务部门

这是一个综合性的部门，既包含对客户的服务以及受理各类客户的投诉，也包括对经纪人业务行为的监督。

4. 其他部门

是公司一些常设部门，如行政部、人事部、财务部等。

1.3.3　了解房地产经纪机构的主要岗位

1. 销售序列

销售员、案场销售经理、连锁店经理、销售副总经理岗位。

2. 研发序列

项目开发、市场调研、信息管理、专案研究、市场研究。

3. 管理序列

部门经理、副总经理、总经理岗位。

4. 业务辅助序列

办事员、咨询顾问。

1.3.4　了解房地产经纪机构的业务范围

1. 房地产开发前期的咨询服务

包括投资政策咨询、项目咨询、土地政策咨询、市场因素咨询、产品定位咨询、法律法规和行业规范咨询等。

2. 建设期咨询服务

包括设计、监理、建筑施工企业的选择咨询，环保、建筑风格及建筑材料咨询，市场形势调查跟踪咨询，开发进度跟踪咨询等。

3. 销售代理服务

包括广告策划，广告设计及投放安排，销售现场与销售咨询，商品房居间、代理、租赁服务，二手房中介、销售、租赁、贷款、置换服务及行纪业务等。

4. 后期代理服务

主要是物业管理公司的选择咨询。

1.3.5 了解房地产经纪机构的资质划分（以北京市为例）

房地产经纪机构实行分级管理，共分三级，不同级别的公司对注册资金等要求不一致，具体要求如下。

一级：注册资金 100 万元以上，持有房地产经纪人资格证书的人员不少于70%，其中有房地产中、高级经济师资格人员不少于 5 名，坚持台账制度，报表及时、准确，合同规范，按规定合理收费，无违法违章行为。

二级：注册资金 50 万元以上，持有房地产经纪人资格证书的人员不少于60%，其中有房地产经济师资格的人员不少于 3 名，台账、报表齐全，按规定合理收费，无违法违章行为。

三级：注册资金 10 万元以上，持有房地产经纪人资格证书的人员不少于50%，其中有房地产经济师资格的人员不少于 2 名，有台账及统计报表，按规定合理收费，无违法违章行为。

1.3.6 认识房地产经纪人与房地产经纪机构之间的关系

1. 房地产经纪人与房地产经纪机构之间的执业关系

（1）房地产经纪人从事经纪活动必须以房地产经纪机构的名义进行；房地产经纪人承办房地产经纪业务由房地产经纪机构统一承接，由房地产经纪机构与委托人签订经纪合同，再由房地产经纪机构指定具体的房地产经纪人承办房地产经纪业务。

（2）房地产经纪机构必须是由房地产经纪人组成的。没有房地产经纪人的加入，房地产经纪机构是无法成立的。

2. 房地产经纪机构与房地产经纪人之间有法律责任关系

（1）房地产经纪人在执业活动中由于故意或过失给委托人造成损失的，由房地产经纪机构统一承担责任，房地产经纪机构向委托人进行赔偿后，可以对承办该业务的房地产经纪人进行追偿；

（2）由于委托人的故意或过失给房地产经纪机构或房地产经纪人造成损失的，应由房地产经纪机构向委托人提出赔偿请求，委托人向房地产经纪机构进行赔偿后，再由房地产经纪机构对房地产经纪人的损失进行补偿。由经纪机构统一承接经纪业务并承担法律责任有利于保护委托人、房地产经纪人和房地产经纪机构三方的合法权益，也有利于促使经纪机构加强对其属下执业经纪人员的监督和管理。

3. 房地产经纪机构与房地产经纪人之间有经济关系

由房地产经纪机构统一向委托人收取佣金，并由房地产经纪机构出据发票。经纪机构收取佣金后应按约定给予具体承接经纪业务的经纪人报酬。

1.3.7 了解房地产经纪公司基本情况的途径

（1）通过官方网站了解房地产经纪公司的基本情况。如打开"中国房地产经纪人"网页（http：//www. agents. org. cn，图1-1），点击"经纪机构"，可以查找全国各省市的房地产经纪机构的基本情况（图1-2）。

图 1-1　中国房地产经纪人网站

图 1-2　房地产经纪机构

（2）到当地房地产行政主管部门、行业协会或通过其网站了解房地产经纪公司的情况。如上海市房屋土地资源管理局（http：//www. shfdc. gov. cn/，图1-3）和房地产经纪行业协会的网站（图1-4）。

图1-3　上海市房屋土地资源管理局网站

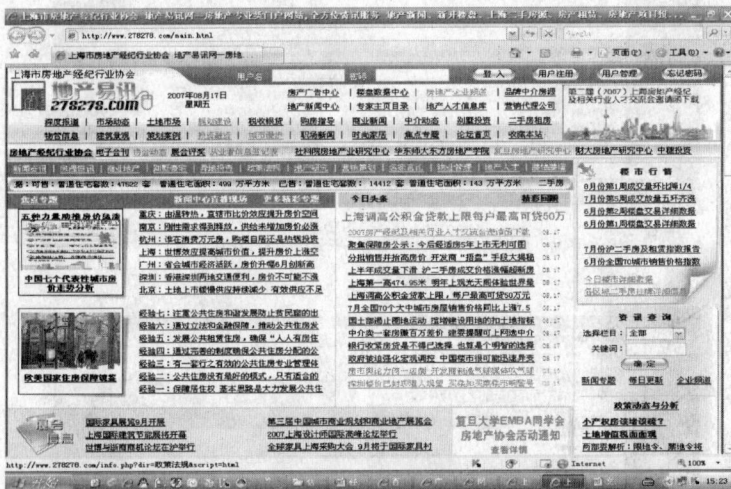

图1-4　上海市房地产经纪行业协会网站

（3）通过房地产经纪公司自己的网站了解其基本情况。

例如，想了解广州市××房地产经纪公司的情况，可以该公司的名称作为关键字进行搜索，出现公司的个性化网页。通过浏览该公司网站，就可以了解公司概况、组织架构、公司资质、业务范围、业务流程、收费标准及联系方式等基本信息。

（4）可通过媒体了解，也可向从事房地产中介相关活动的亲戚朋友咨询或打听。

［任务拓展］

（1）谈谈你对房地产经纪的认识。

（2）作为一名房地产经纪人，应该具备哪些方面的知识和能力？

（3）上网查找自己所在城市的房地产经纪机构的情况，了解这些公司的资质和优势项目。

（4）浏览中国房地产估价师与房地产经纪人学会网站（网址：http：//www.cirea.org.cn），了解学会的性质、宗旨和主要业务范围。

（5）利用搜索引擎（例如 www.baidu.com）搜索并浏览所在省、市的房地产经纪管理部门、房地产经纪人协会的网站，了解经纪行业的最新动态。

（6）查阅《房地产经纪人执业资格考试实施办法》、《房地产经纪人员职业资格制度暂行规定》，了解有关房地产经纪人考试、注册、执业方面的有关规定。

任务 1 —— 学习准备知识

二手房买卖操作

[任务目标]

（1）熟悉二手房买卖交易的基本流程。

（2）能为客户提供规范的二手房买卖交易服务。

（3）会使用房地产中介管理软件。

（4）会维护及查询房源、客源信息。

（5）会根据客户需求推介物业及撮合双方成交。

（6）熟悉二手房交易过户的相关手续和程序。

（7）会进行二手房按揭费用的计算。

（8）会进行按揭款项的计算。

（9）懂得基本的服务礼仪。

[任务背景]

王晶晶毕业后即到一家大型的房地产经纪公司任物业顾问助理，从事二手房买卖业务。她先在总公司接受了近一个月的入职培训，培训的主要内容是二手房业务知识、工作态度及服务技巧等。二手房业务知识主要包括当地二手房地产行业的专业知识、二手房地产行业的法律常识、二手房地产市场的现状与发展趋势及行业特色、楼盘情况等内容。培训讲师向学员们反复强调，销售人员的事业就是推销自己的产品并向客户提供专业化的顾问式服务，使自己的个人事业与企业发展一致。所以，工作态度决定了一个人是否能在这个行业长期良好地发展。培训结束经考核合格后，王晶晶被分到该公司的一间分行开始工作。以下是她从事二手房买卖业务的工作内容及了解到的信息。

过程 2.1　熟悉业务与环境

2.1.1　准备行销工具

主管让王晶晶做好以下行销工具的准备：

（1）个人名片。目的是让客人知道你目前从事的行业及所在的公司，并留下你的联系方式。

（2）工作记录本。在工作记录本上记录与客户见面的时间，或对工作做好进一步的安排，还可记下客户相关需求或各类物业的资料，以防遗忘。

（3）客户资料册。记录客户基本资料、推介楼盘的基本情况及客户反馈的情况，以便分析客户需求并进行有针对性的推介。

（4）笔。笔是专业化和身份的象征，一般用签字笔比较合适。

（5）计算器。计算器是房地产经纪人的必备工具，在计算业主、客户双方的税费，计算折实均价、佣金等时都会用到。

（6）简单的美容工具。外在形象留给客户第一印象，在拜访每位客户前都要先整理仪容，这也是对客户的一种尊重，所以梳子、镜子最好随身携带。

2.1.2　熟悉周边楼盘（走盘）

王晶晶到公司后，主管安排她用一周的时间到分行周边走盘，其含义就是到分行附近的区域进行走访、调查，了解楼盘概况与分布情况，这一步是从事房地产经纪的基础工作。主管要求她要能比较清晰地了解附近楼盘和道路的分布情况，了解各楼盘的定位、价格、配套设施、物业管理、交通、居民消费能力等基本资料，一周后要上交"周边楼盘分布草图"。

一周之后，王晶晶在主管给出的概图上完成了周边楼盘分布图的绘制。得到主管的肯定后，王晶晶顺利地留在分行开始了工作。

2.1.3　学习公司规章制度

学习房地产中介公司员工管理制度、客户管理制度、财务管理制度等，知道公司对员工的仪容仪表、待客服务、公司纪律、客户管理及佣金、薪酬等方面的基本要求。

公司在仪容仪表方面的规定有：着装要求整洁、利落，选择"正式、角色、实用、规范"的正装，并且制作精良、外观整洁、穿着得当，忌过分裸露、过分透薄、过分瘦小和过分艳丽。此外，佩戴的饰品要适宜。具体要求如下。

（1）男士基本要求

男士着装基本要求是不求华丽、鲜艳。男士西服的选择和穿着应注意：面料、色彩、图案、款式、造型、尺寸、做工要得体；要拆除商标、熨烫平整、系好纽扣、不卷不挽、少装东西；领带和衬衫要搭配；鞋子要光亮、有型并注意保养；着深色或与西服颜色相近的袜子。

男士穿着"八忌"：西裤过短，衬衫放在西裤外，不扣衬衫扣，西服袖子长于衬衫袖，领带太短，西服上装两扣都扣上（双排扣西服除外），西服的衣、裤袋内鼓鼓囊囊，西服配便鞋。

男士佩饰主要有：领带夹、袖扣、眼镜、手表、皮夹、手帕、古龙水、皮带、公文包。

（2）女士基本要求

女士套装的选择同样要注意面料、色彩、图案、点缀、尺寸、造型和款式等。套裙的穿着原则是长度适宜、穿着到位、考虑场合、协调装饰、兼顾举止；裤子与裙长以适中为原则，短裙穿长袜，长裤着短袜；尽量不穿着无袖的衣服，不穿着凉鞋、运动鞋或露趾的拖鞋；佩饰少而精，常备香水和皮包。

女士着西装时要注意"六不"：套装不能过大，也不能过小，不许衣扣不到位，不许内衣外穿，不许乱配鞋袜，不许随意搭配。

此外还要注意表情温和，化妆以自然清淡为原则，常保持指甲的清洁。

2.1.4 学习公司的礼仪规定

1. 形体礼仪（表2-1）

形体礼仪要求　　　　　表2-1

项目	站姿礼仪	行姿礼仪	蹲、坐礼仪
动作标准	挺、直、高	从容、轻盈、稳重	文雅、稳重、自然大方
规范要求	目视前方，挺胸直腰，肩平收腹，双腿并直，脚尖呈V字形，身体重心放到两脚中间；也可两脚分开，比肩略窄，将双手合起，放在腹前或背后	身体正直，眼睛平视，面带微笑，方向明确，步幅适度，速度均匀，重心放准，身体协调，造型优美	双腿并拢，上体挺直，两脚略向前伸，两手分别放在双膝上；入座在他人之后，向周围人致意；离座先有表示，注意先后，起身缓慢，站好再走
不当动作	身体歪斜，弯腰驼背，趴伏倚靠，双腿大叉，脚位不当，手位不当，浑身乱动	横冲直撞，悍然抢行，阻挡道路，蹦蹦跳跳，奔来跑去，步态不雅	突然下蹲，距人过近，毫无遮掩，蹲着休息

2. 谈吐礼仪

说话时要有信心，语调柔和、咬字清楚。遇到提问时表现镇定，保持微笑。对方说话时，用心聆听，保持与客户眼神交流，有适当的回应，尊重对方。

日常谈吐不要高谈阔论，不要旁若无人，切忌粗言粗语、客户资料不能作为茶余饭后的谈论内容，留意在公众场所特别是电梯内的言行。

见面程序：问候——致意——介绍——握手——交换名片。

（1）问候语

"早上好"（上午10点前）、"您好"、"晚上好"（太阳落山后）。

（2）致意

"欢迎光临"、"请多关照"、举手或者点头致意。

（3）介绍

1）介绍自己。明朗、爽快、语速平缓、流畅而不炫耀。

2）介绍他人。标准站姿，手指并拢，掌心向上指向被介绍人。一般是：年轻的介绍给年长的；男子介绍给女子；低职位的介绍给高职位的；与自己熟悉的、关系密切的介绍给自己不熟悉的、关系不密切的。

（4）握手

1）双眼注视对方，屈前相握，不可交叉握手，不可滥用双手，不可用力过度。

2）女士握位：食指位。

3）男士握位：整个手掌。

（5）交换名片

1）接受名片。起身，双手接受名片，认真看一遍，不可来回摆弄，不要在上面写字或作标记。

2）递名片。持名片上方两端、文字正面递向客人，并说"请多关照"、"请多指教"等语。不要把有缺点、过时或弄脏的名片给客人。

3）互换名片。右手拿自己的名片，左手接对方的名片，用双手托住；要看一遍对方职务、姓名；遇难认字要及时了解；会谈中，应称呼对方的职务、职称；无职务、职称的称"先生"、"小姐"，尽量不用"你"。

3. 电话礼仪

电话礼貌三要素：声音、态度、言辞。

（1）拨打电话应备好对方号码、内容，慎选时间和地点，保持微笑和自信；通话时自报单位、姓名，寻找接听人；通话要见机行事，先询问对方是否方便接听，再叙述正题；结束语后待对方挂断电话再轻放电话。

（2）接听电话要积极，迟听要道歉。"您好，××（公司），我是×××（姓名），请问有什么可以帮您吗？"左手拿话筒，右手备纸笔进行记录或查看电脑信息；不时检查通话表现，保证声音清晰，咬字准确，音量及速度适中，语句简短，姿势正确，态度平和。

由于房地产经纪人工作的特殊性，电话过程中时刻要做好留言和记录的准备。因此，在电话旁随时放有便笺和铅笔，记下来电者的姓名和电话号码，给别人留言时内容要简明扼要，切忌词义不明。

4. 办公室礼仪

接待来访时，要注意：不可让客人"坐冷板凳"，习惯倾听，不随意拍板、许诺，避免电话干扰，进行有效交谈。避免谈及的话题有：与钱有关的事，自己或别人的健康状况，争论性的话题，哀伤的话题，谣言与闲话，陈腐和夸张的话题。

5. 电梯礼仪

要使用专用的电梯，要照顾好服务对象，要尊重周围的乘客。电梯无人时，在客人之前进入电梯，然后请客人进电梯，到达目标层后，请客人先下；电梯有人时，无论上下都应客人优先、领导优先。

2.1.5　学习看房与推介房源

为熟悉每一套房源的基本情况，主管安排王晶晶用两天时间到留有钥匙的房源去实地看房，熟悉每套房的楼层、朝向、户型、间隔、价格等具体资料，学习介绍不同的房源和户型，特别是学习笋盘①及水盘②的推介。

主管以附近楼盘为例，给王晶晶作出如下示范：

（1）这一带楼盘的价格比市区中心便宜很多，在我们普通大众能够接受的范围内。××花园小区管理比较好，有电梯楼和楼梯楼可供客户选购，公园、幼儿园都有配置，车站就在楼下，大型购物商场品质好、数量多，中国银行就在家门口。总体来说，××花园一带的业主素质比较好。因此，不管是自住还是投资都是不错的选择。

（2）××花园位于 A 路以北、B 路以东，东面紧靠 C，北面则是家乐福。××小区处于几个区的交会处，同时靠近××繁华商圈，各项配置设施齐全，已经形成了一个成熟的生活圈。周边休闲文化广场、健身馆及餐饮休闲场所汇聚，大型超市又位于小区门口，可轻松满足日常生活需求，公交便利，地铁站离小区仅五分钟的路程。

2.1.6　学习复盘

复盘，即打电话寻找可以放卖或放租的楼盘，这是每一位房地产经纪每天必修的功课。在这样一个绝对的"卖方市场"里，更多的盘源就意味着更多的利润。因此，房地产经纪人要想方设法去寻找"盘源"。主管提醒小王要注意与业主沟通的方法与技巧，起初可能会被客户问到哑口无言，一定要有心理准备。

常用的沟通技巧有：

（1）"您好，我是××公司的××，这是我的名片，有什么关于房地产方面的问题，您都可以随时致电给我，请问怎么称呼？"［了解客户姓名］

（2）"之前是否看过哪些楼盘是比较喜欢的？"［了解客户的看房情况］

（3）"具体是哪个楼盘，您看的是多大的单位？具体哪一座，哪一个单位？"［客户对楼市的认知程度］

（4）（如果客户表示有看房经历）"当时看后感觉怎样？"［客户的购房重点］

（5）（如果客户表示认可）"当初为什么没考虑购买？"［置业的经历］

（6）（如果客户表示不满意）"具体哪些方面让您不满意？"［客户购房的喜

---

① 笋盘：广东用语，源于香港，指价廉、性价比好、买来绝对不会亏的物业。

② 水盘：广东用语，常为经纪公司张贴于门店显眼处以吸引顾客注意力的质优价廉房源。

好]

（7）"之前和哪一家中介公司看房较多？"［了解同行竞争的情况］

（8）（如果客户拒绝透露）"如果我了解得更多，方便我能尽快找到合适您的楼盘，以免带您去看一些相同的楼盘，浪费了您的时间。"

（9）"您打算是自用还是投资？"［了解购房意向］

（10）（如果客户表示初次看楼）"您对周边的环境熟悉吗，是否需要我陪您四处走走，顺便介绍一下周边的配套设施。"［对楼盘的认知程度］

（11）"您考虑用商业贷款还是公积金贷款？"［了解支付能力］

（12）"您之前住哪里？"［了解客户原有环境］

（13）"如果是看房，您一般什么时候方便？"［了解可看房的时间］

（14）"我每天都带客户看房，如果看到比较合适的，怎样与您联系？"［获取联系方式］

（15）"除了手机，还有别的联系方式吗？"［获取更多的联系方式］

（16）"如果有特别合适的房，您到时是否可以抽空过来看一下？"［了解客户购房的迫切性］

（17）"如果您不介意，希望您多对比一下，对比得越多，就越不会买错。"［获得客户的认同］

过程 2.2　学习使用房地产中介管理软件

王晶晶公司使用的是房友中介管理软件。她发现该软件与自己在学校学习过的同类软件在功能上很相似，经过两天的培训和使用，她已熟悉了该系统。以下是她对该系统的了解。

2.2.1　了解房友中介管理软件的功能
房友中介软件的功能如图 2-1 所示：

2.2.2　学习使用每一项功能
1. 学习维护及使用房源信息
登记出售房源信息。即将房源基本情况、配套设施、交易类型、委托方式、佣金方式、业主资料、归属业务员、加密房公开房等资料输入计算机。

王晶晶通过楼盘名称的拼音缩写或各种条件组合快速查询到所需房源，使用非常方便。如图 2-2 所示。

2. 学习维护及使用客源信息
登记求租求购客源信息。即将客户基本资料、需求情况、交易类型、委托方式、佣金方式、归属经纪人、加密客公开客等情况输入计算机。

19

```
房友中介管理软件
├─ 1. 房源管理 ──┬─ 房源信息
│                ├─ 跟进记录
│                ├─ 跟进任务
│                ├─ 广告管理
│                ├─ 成交记录
│                └─ 收款记录
├─ 2. 客源管理 ──┬─ 客源信息
│                ├─ 跟进记录
│                └─ 跟进任务
├─ 3. 业务动态 ──┬─ 业绩排行榜
│                ├─ 经理点评
│                ├─ 新闻公告
│                ├─ 问题解答
│                ├─ 员工论坛
│                └─ 业务提醒
├─ 4. 实用工具 ──┬─ 电子考勤
│                ├─ 电子地图
│                ├─ 员工通信录
│                ├─ 佣金计算器
│                ├─ 贷款计算器
│                ├─ 黑名单管理
│                ├─ 加密房转公开房
│                └─ 业务员转移房源
├─ 5. 业务设置 ──┬─ 组织机构
│                ├─ 城市片区
│                ├─ 楼盘字典
│                ├─ 物业参数
│                └─ 管理选项
├─ 6. 系统设置 ──┬─ 显示设置
│                ├─ 重新登录
│                ├─ 修改密码
│                └─ 操作日志
├─ 7. 数据管理 ──┬─ 数据库连接
│                ├─ 备份与恢复
│                ├─ 数据库修复
│                └─ 注册码登记
└─ 8. 联网交换 ──┬─ 手动数据交换
                 ├─ 自动数据交换
                 ├─ 联网交换设置
                 └─ 联网交换日志
```

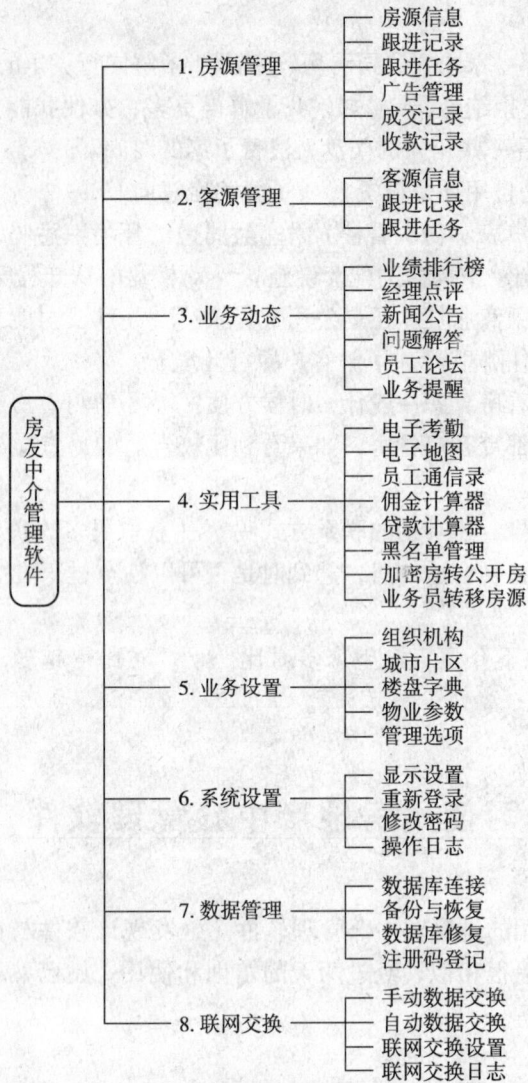

图 2-1　房友中介软件的功能

王晶晶通过楼盘名称的拼音缩写或各种条件组合快速查询到所需客源。

3. 查询跟进任务及记录

经理在房源列表中选择要分配跟进任务的房源，指定执行任务的经纪人、执行日期，并对任务加以说明，批量（逐条）生成跟进任务。

王晶晶可以查阅自己的跟进任务安排，根据经理指示对业主进行跟进，登记跟进记录。

王晶晶需要定期与客户联系，取得客户的最新信息，包括出价变化、需求变化、是否成交等，并将上述信息及时录入计算机。

经理可以随时查阅王晶晶的任务完成情况。

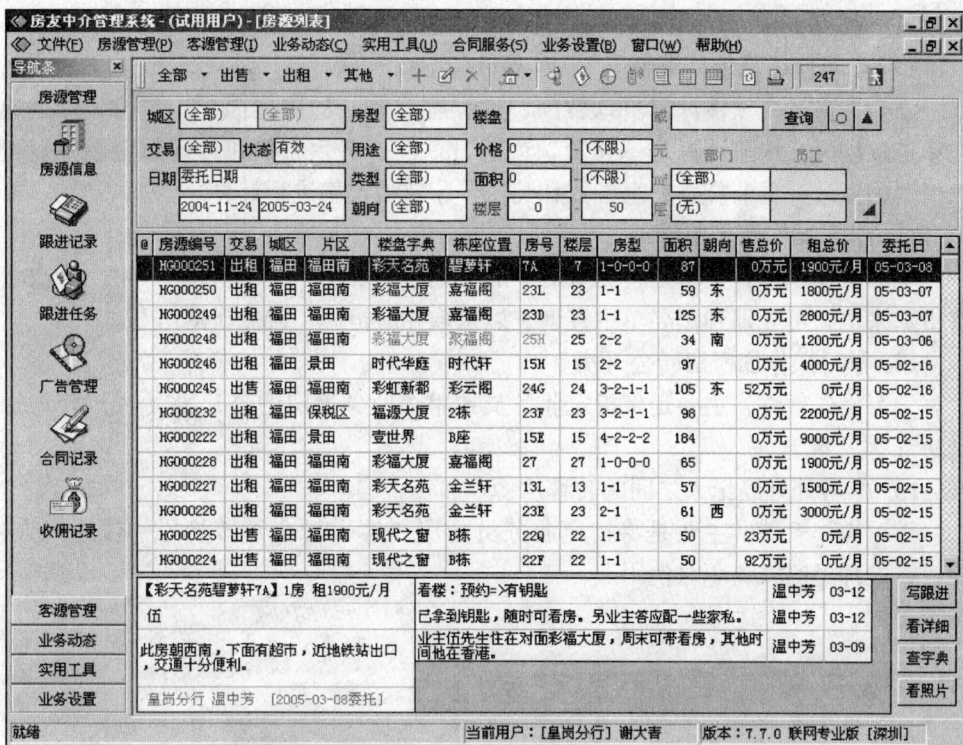

图 2-2　房源信息查询窗口

4. 学习使用广告管理功能

王晶晶在房源列表中选择要上广告的房源，逐条或批量地生成广告记录，登记其广告发布日期、发布媒体、期号等，通过设置其［已发布］标志，记录其是已发布，或是仍处于待发布状态。

5. 学习查询合同记录情况

对已成交的房源，业务部门登记合同记录，输入相应买家（租客）信息、收佣情况，并修改房源的状态为已售（已租）。

6. 学习查询业绩排行榜

该模块的功能是对经纪人指定时间内的开发房源情况、跟进情况、成交情况和实际到款情况进行统计分析，可以报表、柱状图、饼状图、红星榜等形式显示，供经理分析业绩和经纪人相互勉励之用，王晶晶只需学会如何查看即可。

7. 学习查询业务提醒及公司公告

学会操作如何显示当前用户的房源提醒、客源提醒、公司最新的新闻公告。

8. 学会使用电子地图

学会使用电子地图库，根据需要自行扫描添加所需地图或房源照片供经纪人查阅。

9. 学习使用提成计算器

学习操作此部分软件，主要是能够根据公司设定的多级业务员佣金比例及业务员的实际到款金额判断提成应落入哪个级别，然后再分别计算出应提佣金。

10. 学习使用贷款计算器

学会如何运用软件计算贷款款项，根据客户购买的房屋面积、单价、贷款成数和贷款期限，快速计算房屋总价、首期付款额、贷款总额和月还款金额等。可以根据国家政策调节贷款利息参数和契税、印花税比率进行计算。

11. 学习操作黑名单管理

学习操作软件，主要是将竞争对手的电话号码记录到［黑名单］中，下次若有嫌疑来电，可立即到黑名单中查询，以采取相应措施，避免泄露信息。

12. 学习操作加密房转公开房

学习操作软件，主要是将指定业务员或整个业务部门的公开房（客）转为加密房（客）源。

13. 学习处理经纪人之间的转移房源

学习操作软件，主要是将指定业务员的房（客）源全部转给另一位经纪人，一般在处理经纪人离职时使用。

过程 2.3　　了解二手房交易流程

二手房交易的基本程序，如图 2-3 所示。

房地产经纪公司在从事房地产经纪业务的过程中，通常还会根据客户的委托，代办评估、按揭、过户、交税等事项，通常这些代办事项和经纪业务是由房地产经纪公司的不同部门来协作完成的。

过程 2.4　　确认二手房买卖委托关系

2.4.1　接受卖方委托（放盘委托）

（1）出售方郑先生来房地产经纪公司进行房屋出售条件咨询。

王晶晶向郑先生出示房地产经纪人证之后，要求郑先生提供房地产产权证明文件。

注：①出售商品房的，出售方准备房屋产权证、身份证、同住人同意出售的证明材料及相关证明备查；

②出售房改房的，准备房屋产权证、身份证、个人住房档案、房地产管理部门出具个人家庭唯一生活用房证明及相关证明材料。

（2）王晶晶根据房产证内容填写客户转让的物业资料。

（3）王晶晶向客户介绍本分行的基本情况及二手房交易的业务流程。

（4）郑先生填写一份放盘登记表（俗称"落盘纸"），签名确认后，王晶晶将

买方登记 ——▶ 签订《委托代理协议书》 ◀—— 商品房购房流程

业务员沟通、验证

计算机登记、配对

陪同看房 ——▶ 不满意

满意 ◀—— 继续介绍

签订《承诺书》

交易登记中心通知缴交税费

领取产权证

双方移交物业、验收

双方缴交税费、领取产权证

买方收房、领取房产证   售后服务   买方领取房产证

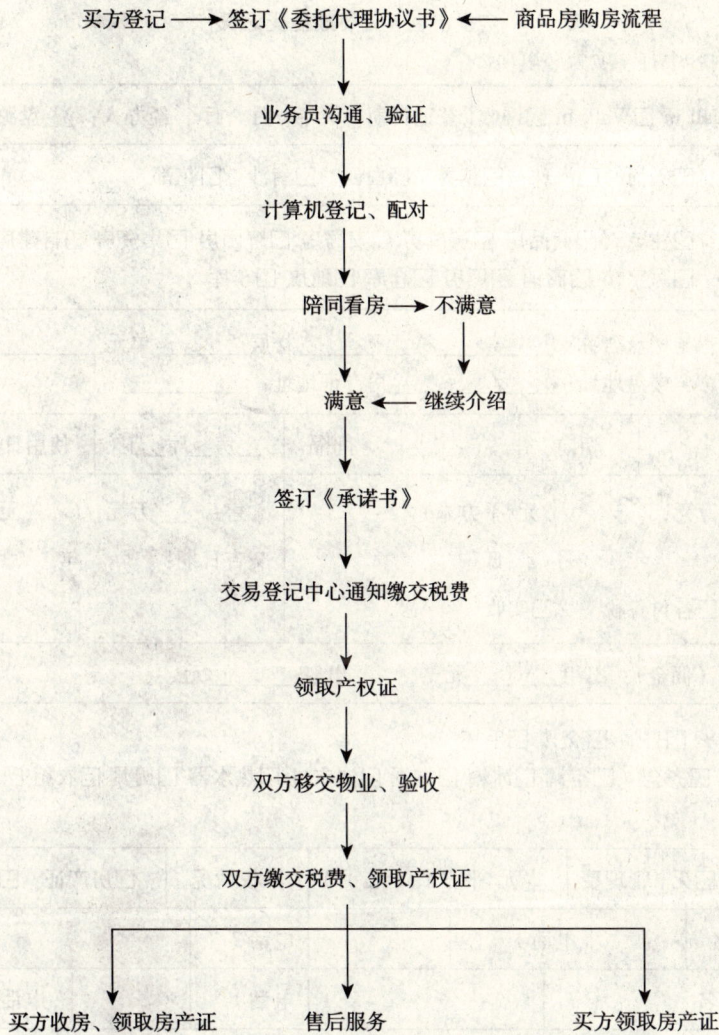

图 2-3　二手房交易基本程序流程图

委托申请书交给经纪公司。放盘登记表内容，见表 2-2 所列。

广州市××公司放盘登记表　　　　　　　表2-2

下面所填写内容中打＊项为必填项

＊来源	□Call in □Walk in □网收	登记日期	年　月　日	经办人：＿＿＿盘源编号：＿＿＿
＊行政区域：□天河　□海珠　□越秀　□白云　□南沙　□花都				
＊物业类别：□住宅（□商品房 □房改房 □安居房 □解困房 □集资房 □自建房 □其他） 　　　　　　□写字楼 □商铺 □厂房 □仓库 □地皮 □车库				
＊物业地址：＊楼盘名称：＿＿＿＿＿＿栋＿＿＿＿楼层＿＿＿＿单元＿＿＿＿ 　　　　　　＊楼盘地址：＿＿＿＿＿＿房产证地址：＿＿＿＿＿				

＊面积		朝向		＊间隔	＿房＿厅＿卫	使用日期	年

＊售：＿＿＿万元，（　　　　元/平方米） 交吉日期：　　年　月　日 税费交付：□各付各税　　　□实收	＊售：＿＿＿万元，（　　　　元/平方米） 交吉日期：　　年　月　日

中介代理费（佣金）：出租＿＿＿＿元　　　出售＿＿＿＿元
装修：□豪华 □普通 □交楼 □毛坯 ＊家电情况 □齐全（□空调 □冰箱 □电视 □洗衣机 □热水器 □厨具 □衣柜 □床 □餐桌） □无

电梯	□有 □无	管理费	＿＿＿元/平方米（元/月）	产权情况	□房产证　□预售契约		
＊业主姓名		电话1		电话2			
＊代理人姓名			电话1			电话2	

备注：
本人现委托××公司出售/出租上述物业，并同意确认以上条件。 业主（代理人）签名：　　　　　　　　　　日期：

（5）王晶晶说服郑先生留下房屋钥匙以方便客人看房，并签订收据（俗称"放钥匙条"），盖上公章后交给郑先生。收据格式如下：

```
     ××公司                                          收    据

  总部： ____市____区____路____号     电话：____ 传真：____

  收匙分行：_____     联系电话：_____

                              收匙日期：20____年____月____日

  兹收到_____先生/小姐，交来____区_____单位钥匙____条。

  物业资料：面积_____平方米，间隔_____，联系电话____。

  价格：□售：售价（____币）____元；□租：租金（____币）____元。

  室内配套：(□电话  □空调  □家电齐  □部分家电  □吉屋  □其他)

  备注：
      此据！
  业主确认：
  交匙人：(□外借      □不外借)

                                        ××公司
                                        经手人：____
```

（6）郑先生与王晶晶进行出售条件协商。

（7）王晶晶与郑先生就经纪方式、佣金标准、服务标准、拟采用的合同类型及文本等关键事项进行协商，达成委托意向。

（8）王晶晶与同事一起勘察物业，核实并确保待售物业产权的真实性、合法性和有效性。

（9）房屋评估机构对待售物业进行实地勘察评估，确定物业的各项指标和市场价格。

（10）郑先生认可评估结果，明确业务关系与销售条件。

（11）王晶晶将郑先生待出售的房产及其个人资料输入数据库。

2.4.2　接受买方委托

（1）咨询、收件。

1）陈小姐准备购置一套二房二厅的二手房，看到《××日报》上的广告后打电话过来了解某广告盘的情况。

2）王晶晶接电话，第一时间记下陈小姐的电话。

3）王晶晶详细了解客户对房屋面积、朝向、户型、价格等方面的要求，并在自己的工作本上做好详细记录，并约好时间来公司面谈。

4）陈小姐到公司后，王晶晶核实陈小姐身份，并要求陈小姐提供身份证复印件。

（2）王晶晶将该物业的情况进行详细介绍后，陈小姐不是特别满意。于是王晶晶将陈小姐的购买需求情况输入数据库，通过计算机查询适合买方的房屋信息。

（3）王晶晶在公司房源数据库中查询到与客户要求相当的信息，让陈小姐比较、选择。

（4）陈小姐还是不太满意，王晶晶又通过各种渠道发布信息，终于为陈小姐找到合适的房源。通过磋商，陈小姐确定购买房源。

（5）陈小姐填写《房地产中介服务协议》并签名确认。协议格式如下：

房地产中介服务协议

No. _____

甲方：××房地产经纪有限公司

乙方：_____ 身份证：_____

地址：_____ 电 话：_____

经甲乙双方友好协商，现甲方为乙方提供物业中介服务，甲方在乙方授权下为乙方在____物色适当的物业（住宅/写字楼/商铺/厂房）（下称"物业"）。

一、甲方在本协议签订后为乙方提供以下物业中介服务：

1. 介绍物业的相关资料（以业主提供的资料为限）；

2. 带乙方或其授权代表实地视察物业；

3. 促进乙方或其授权代表与物业的业主达成买卖/租赁协议。

二、本协议签订后，在乙方或其授权代表成功与业主或其代理人就甲方推荐的下述物业达成买卖/租赁协议的当天，乙方承诺向甲方支付中介代理服务费及咨询费合计为成交价的 1.5%/壹个月租金。

三、乙方完全知悉并不反对甲方或会同时向物业的业主收取中介服务费及咨询费。

四、甲方资料来源于业主，对资料的准确性，乙方须亲自做实地视察。

五、乙方承诺在本协议签订一年内：（1）保证不会直接或通过第三人与甲方推荐的下述物业的业主或其代理人联系，以及就上述物业签订买卖/租赁协议；（2）保证即使甲方推荐的下述物业最后由乙方的亲属、授权人、委托人或代理人购买/租赁，均视为甲方已促成此次交易。如乙方出现上述行为，则仍需负责向甲方支付上述中介代理费及咨询费。

六、本协议自签订之日起生效。

所介绍及视察物业的地址

（1）_____

（2）_____

（3）_____

（4）_____

（5）_____

本人就以上_____物业实地视察完毕，特此确认。

乙方签名确认：_____

甲方：××房地产经纪有限公司　　　　　　　乙方：

甲方代表：

日期：　　　　　　　　　　　　　　　　　　日期：

过程 2.5 促成交易

2.5.1 促成交易的过程

（1）王晶晶与房东联系看房事宜，确定看房的时间。

（2）王晶晶自己先行对房源进行察看，对房源的情况了如指掌。

（3）王晶晶按时陪同陈小姐现场看房。引领陈小姐全面查验待售物业的结构、装修、设备等实体状况和物业的使用状况、环境状况，就物业有关的一切有利或不利因素与陈小姐交换意见。王晶晶在给陈小姐介绍房屋的过程中，本着客观、公正的立场进行介绍。在陪同看房的过程中，王晶晶十分注意带领客人行进的速度，并给予及时的关照提醒。如上下楼梯要"右上右下"、礼让客户；遇有电梯，则在客人之前进入电梯，按住"开"的按钮，请客人进入电梯，到达目标楼层后，按住"开"的按钮，请客人先下；出入房门要"后入后出"、为人拉门等。

（4）看完房后，王晶晶与陈小姐回公司继续就成交条件进行洽谈，关键是协调双方交易价格。

（5）王晶晶撮合出售方和陈小姐确定买卖的条件，包括房屋价格、入住时间、房产证以及双方所要承担的责任和义务。

（6）陈小姐签订《承诺书》，下诚意金，王晶晶开具收据。《承诺书》详细规定了委托代理双方的权益和义务；协议条款明确标的物的坐落、成交价格、中介服务费金额或比例、委托时限等。《承诺书》格式见附录3。

2.5.2 买卖双方达成买卖协议

（1）签订《承诺书》后，王晶晶在承诺书约定的时间内，经反复沟通，促使出售方与陈小姐达成买卖协议。

（2）买卖双方达成交易协议后，签订三方约。王晶晶通知出售方与陈小姐备好下列资料，准备到区房地产交易中心办理递件手续。

1）陈小姐（买方）：身份证原件与复印件；首期款。

2）出售方：身份证原件与复印件；房产证原件与复印件。

（3）王晶晶电话通知经纪公司在区交易中心设立的办事处的同事准备好当地房管局印制的《房屋买卖合同》（附录4）。

过程 2.6 二手房按揭贷款

王晶晶了解到陈小姐的支付能力不足以一次性交付全额房款，于是建议她进行二手房按揭贷款，即办理以所购置的房产作抵押，向银行申请借款，并分期偿还本息的个人住房贷款业务。一般分为住房商业贷款、公积金贷款和组合贷款。

2.6.1　认识个人住房贷款的类别

1. 个人住房商业贷款

是指具有完全民事行为能力的自然人，购买本市城镇自住房时，以其所购产权房作为抵押物，作为偿还贷款的保证而向银行申请的住房商业性贷款。二手房贷款最长不超过20年，商住房贷款成数按照评估价与成交价两者间价格低者的七成计算，商铺、写字楼、别墅为五成。

2. 个人住房公积金贷款

是指由住房公积金管理中心运用住房公积金，委托银行向购买、建造、翻建、大修自住住房的住房公积金缴存人和在职期间缴存住房公积金的离退休职工发放的贷款。申请住房公积金贷款的条件是：

（1）有城镇常住户口或有效居留身份。

（2）连续缴存公积金6个月以上（含6个月，各地差别较大，本地户口与外地户口也有差别）。

（3）具有稳定的职业和收入，有偿还贷款本息的能力，信用良好。

（4）购房首期付款符合规定（一般商品房首期付款不低于房屋总价的20%，二手房首付不低于房屋总价的30%）。

（5）签署了购买住房的合同或协议。

（6）同意所购房屋用于银行抵押。

（7）符合住房公积金管理中心规定的其他条件。

3. 个人住房组合贷款

个人住房组合贷款，是指符合个人住房公积金贷款条件的购房人，当住房公积金贷款不能满足其需求时，可向银行申请商业性个人住房贷款，即个人住房组合贷款。

2.6.2　认识二手房按揭的申请条件

（1）借款人必须是年满18周岁，具有完全民事行为能力的中国公民或在中国内地具有有效居住证件的境外、外国公民。

（2）借款人有稳定的合法收入，具有还本付息能力。

（3）借款人同意以所购房产作为贷款的抵押物。

（4）所购房屋的产权清晰，可进入房地产市场流通（可到房管局查册）。

（5）若申请个人住房公积金贷款或组合贷款，还应符合个人住房公积金贷款及组合贷款的相关规定。

注：宅基地、军产、厂房、集资房、车位（一般只做一手）、自建房及依法不能办理交易的房屋都不能办理贷款。

经王晶晶了解，陈小姐不具备住房公积金贷款的条件，只能采用商业贷款，于是，王晶晶就协助陈小姐办理了二手房商业贷款手续。

2.6.3 二手房商业贷款业务流程

王晶晶向陈小姐和业主介绍了二手房商业贷款的流程。

签署三方约—安排实地评估—出初评结果—买卖双方备齐资料，预约签署贷款文件—缮件后送银行审批，等待出具《同意贷款意向书》—递件—问税—交税过户—出房产证—归档—入抵押—出他项权利证—放款。

整个流程约需 30 个工作日左右。

其中，二手房贷款程序及费用，见表 2-3 所列。

二手房贷款程序及费用 表 2-3

程 序	手 续	时间（工作日）	费 用
1. 贷款及初步评估申请	1. 提交银行所需个人资料 2. 签署按揭合同及相关资料 3. 签署授权委托书 4. 预交按揭费用	1	初步评估费：300 元（如接受贷款则在评估费中扣除） 查案费：100 元 （如退案，以上费用不作退还）
2. 资料调查、贷款受理及批复	1. 房屋评估 2. 分行调查及审批 3. 银行出具《同意贷款意向书》 4. 办理授权委托书公证 5. 缴齐按揭费用及预缴税费	3~5	评估费：评估价×5‰（最低收费 1000 元） 公证费：600 元 保险费：贷款额×1.2×0.1%×贷款年限×折扣 折扣：1~5 年 9 折，6~10 年 8 折，11~20 年 7 折 代理费：贷款额的 1.2%（最低收费 2000 元） 印花税：贷款额的 0.05%
3. 房屋交易	按揭公司专人到房管局办理	按房管局规定时间	买卖双方共支付评估价格的 1.8%（按房管局规定缴交）
4. 抵押登记及发放贷款		1~2	他项权利登记费：250 元

上述案例中，如果卖方也是通过按揭贷款购房，且还没有还清银行贷款，买方陈小姐又要贷款买房，则这个过程变为"转按揭"。其流程是：

签署三方约—安排实地评估—出初评结果—买卖双方备齐资料，预约签署贷款文件—缮件后送银行审批，等待出具《同意贷款意向书》—向银行申请调档—递件—问税—交税过户—抵押登记—出证—放款。

（整个流程约需 55~60 个工作日）。

申请转按揭的注意事项：

（1）原业主无拖欠银行供款才可办理转按揭；

（2）办理转按揭手续期间，原业主一定要按时还贷，直到发放买家的贷款为止；

（3）买卖双方转按揭需冻结首期楼款，且不同银行或支行对冻结首期的规定不一样。

2.6.4 申请二手房贷款需要提供的资料

1. 商业贷款

（1）买方

身份证明文件原件；户口本原件；婚姻状况证明文件（结婚证正本或未婚证明）；近半年来的收入证明（如单位证明、存款证明）；现金流水或大额存折，如有第二套物业可以提供作为参考。

注：收入证明的金额必须是月供额的 2 倍以上。

（2）卖方

业主及配偶身份证原件；户口本；婚姻状况证明文件；房产证原件。

注：港澳人士提供回乡证；外籍人士提供护照及公证翻译本；台湾人士提供身份证、护照和台胞证。

2. 住房公积金贷款

买方：除需具备商业贷款的所有条件外，还应有公积金卡、存折及住房公积金缴存证明。

住房公积金贷款的最高限额各地不同，目前广州市个人住房公积金贷款最高为 50 万元，申请人数目为两个或两个以上的，最高限额为 80 万元。商品房最高贷款 8 成、最长 30 年，二手房最高贷款 7 成、最长 20 年。贷款期限可延长到法定退休年龄后 5 年，即男性 65 周岁，女性 60 周岁。

2.6.5 贷款操作注意事项

由于王晶晶是一名新员工，对按揭贷款的业务流程正在逐步熟悉的过程中，主管提醒她在帮助客户办理按揭贷款的时候，要注意以下事项：

（1）房屋的评估价是否满足客户的贷款需求。

（2）客户的自身条件是否符合银行的审批标准。

（3）房屋的结构及楼龄，现在大部分银行都不受理混合结构的房屋，楼龄高于 20 年以上基本没有银行愿意受理。

（4）如果客户申请公积金贷款或组合贷款，则要注意公积金的缴存情况，看客人是否有停交或缓交公积金，如曾办理过公积金贷款，是否已还清。

2.6.6 计算按揭款项

1. 等额本息法

月供额 = 贷款额 × 每一万元的月供额（万元商业贷款月供还款见附录5）

如，商业性贷款 10 万元，贷款期限为 10 年（万元月供为 102 元），则每月还款额为：

$$10 \times 102 = 1020 \text{ 元/月}$$

2. 等额本金法

$$每月本金 = 贷款额/期数$$

第一个月的月供 = 每月本金 + 贷款额 × 月利率

第二个月的月供 = 每月本金 + （贷款额 – 已还本金）× 月利率

如，商业性贷款 10 万元，货款期限为 10 年，年利率为 4.16%，则每月本金为：

$$100000/120 = 833 元/月$$

月利率：

$$4.16\% \div 12 = 3.47‰$$

第一个月的月供：

$$833 + 100000 \times 3.47‰ = 1180 元$$

第二个月的月供：

$$833 + （100000 – 833）\times 3.47‰ = 1177 元$$

以后每一个月的月供款依此类推。

2.6.7　计算按揭费用

我们以这样一个案例来解释按揭费用的构成及计算方法。

陈小姐所购房屋成交价为 40 万元，评估价为 38 万元，要求 10 年商业性按揭贷款，贷款金额为 20 万元。王晶晶帮助她计算了按揭的相关费用情况是：

初评费：300 元

查案费：100 元

贷款手续费：$200000 \times 1.2\% = 2400$ 元（不低于 2000 元）

评估费：$380000 \times 0.5\% – 300 = 1600$ 元（不低于 1000 元）

他项权利登记费：250 元

保险费：$200000 \times 1.2 \times 0.1\% \times 10 \times 0.9 = 2160$ 元

委托公证费：200 元

贷款合同印花税：$200000 \times 0.05\% = 100$ 元

合同公证费：400 元

过程 2.7　二手房交易过户

2.7.1　签订《房屋买卖合同》

王晶晶与出售方、陈小姐到达区交易中心，王晶晶同事提供已经准备好的当地房管局印制的《房屋买卖合同》（附录4），同事已将买卖信息在合同上填写好，双方只需确认、签名、签写日期。

2.7.2　交付首期款、递件

陈小姐支付购房首期款项给出售方。原则上首期应不少于成交价的 30%，出售方提供首期收据给陈小姐。

王晶晶提醒出售方与陈小姐带齐资料后到交易中心的递件窗口递件，并由买卖双方本人签名。

2.7.3 缴纳税费

交易中心在 10 个工作日内（各地差别较大）出税单，房管局出示税单回执给王晶晶（或陈小姐），王晶晶（或陈小姐）带回执原件去交易中心缴税，交纳尾金给出售方。出售方要提供尾期收据给陈小姐。如果陈小姐有事无法到交易中心办理手续，可委托王晶晶代办。税费标准为，见表 2-4 所列。

二手房交易具体税项及税率 表 2-4

交易方式	交易登记	
税 项	买 方	卖 方
契税	个人购买普通住宅：评估价 ×1.5% 非住宅非个人：评估价 ×3%	
交易服务费	3 元/m²	3 元/m²
印花税	评估价 ×0.05%	评估价 ×0.05%
登记费	个人：50 元/人 单位：80 元/人 每增加一人增加 10 元	
证照印花税	5 元/本	
土地出让金		房改房：评估价 ×1% 住宅：基准地价 ×30% ×10% × 建筑面积
土地契税（房改房免）		土地出让金 ×3%
个人所得税		住宅：成交价 ×1%（5 年后免） 非住宅：成交价 ×5.5%
营业税		住宅：成交价 ×5.5%（2 年后免） 非住宅：成交价 ×5.5%（有增值需缴纳） 非个人：成交价 ×5.63%（有增值需缴纳）
土地增值税		非住宅或非个人：四级累进制（有增值需缴纳）

2.7.4 领房产证

3 个工作日后，房管局出具新的房产证，由陈小姐本人带身份证及税单回执原件到交易中心领取新房产证。

过程 2.8 后续服务

2.8.1 协助收款

（1）王晶晶按照合同约定，在规定的时间内收取相关的交易价款。

（2）王晶晶代表出售方向陈小姐出具正式的发票。

2.8.2 协助收房

在交易双方办理过户手续后，王晶晶要协助陈小姐办理收房手续。

（1）向卖方确认交房时间。

（2）书面通知买方。

（3）王晶晶协助陈小姐进行校对。

（4）王晶晶协助陈小姐处理在物业交接过程中出现的与合同不符的事项。收房确认书形式如下。

收房确认书

甲方：_____（即【卖方】【出租方】）

乙方：_____（即【买方】【承租方】）

见证方：××置业有限公司

　　甲乙双方经友好协商，就位于_____之物业（下称"该物业"）达成交易。限甲乙双方均在场见证下，同意并确认以下内容：

一、电表数：_____度

二、水表数：_____度

三、燃气表数：_____度

四、现已检查并同意以该物业之现状收房，该物业之现状是指：

　　□不带家具电器、不带租约

　　□有家具电器（详见《家具电器清单》），并确认已移交、接收家电清单所列之全部家具电器，且确认全部家具电器均能够正常使用

　　□有租约，并确认甲方已将租约的保证金人民币_____元移交给乙方，甲方【已】／【未】协助乙方与租户签订新的租约。

五、现确认该物业在____年____月____日前所产生的一切相关费用（包括水费、电费、燃气费、电话费、有线电视费、物业管理费、垃圾费等）及一切相关债权债务（包括产权纠纷、债务、税项、租赁及清还抵押等）均与乙方无关，由甲方支付及清理。自____年____月____日起所产生的有关费用由乙方支付。

六、乙方已确认收到甲方交来该物业的全部钥匙（共____条）。

七、本确认书一式三份，自签订之日起生效，均具有同等法律效力，甲乙双方各执一份，另一份交由见证方持有。

八、备注：_____

_____。

甲方：	乙方：	见证方：
日期：	日期：	日　期：

2.8.3 协助办理水、电、维修资金等事项

（1）王晶晶协助出售方向陈小姐提交结清物业费、水电费、电话费等费用的证明资料。

（2）督促陈小姐向出售方补足购房余额。

（3）代陈小姐办理维修基金、水、电、燃气和有线电视等的过户手续。

2.8.4 佣金结算

王晶晶与委托人（或交易双方）进行佣金结算，佣金金额和结算方式应按经纪合同的约定来确定。

[任务拓展]

（1）熟练操作房地产中介软件系统。

（2）请根据表2-5所列广告稿作出"接待客户"环节的应答。

物业情况简介 表 2-5

序号	物业名称	面积（m²）	报价（万元）	四字词语	广告明细（备注）
1	四季花园	61	42	温馨两房	45 万元实收，9 楼顶楼
2	富景花园	120	98	投资首选	8 楼，3 房，无装修，98 万元
3	蝶彩园	90	85	少有放盘	假盘，转推其他
4	五羊大院	96	70	入读名校	普装，另有75m²，8 楼，50 万元
5	富力鑫禧	62	60	升值在望	62 万元，另有两个后备盘

（3）李先生于 2005 年 7 月向一房地产开发公司购买一套 80m² 的商品房，房产证日期为 2006 年 2 月，李先生于 2006 年 10 月将该物业以 70 万元的价格转让给王先生。根据上述资料，李先生需缴交多少税费？

（4）一房改房，已购分摊，已征收国有土地出让金，缴款明细表上的缴款时间未满 5 年。评估价为 48 万元，成交价（即报价）为 40 万元，总建筑面积为 90m²。原产权业主 1 人，新买家 3 人。请计算买卖双方相关的交易税费。

（5）某家庭欲购买一套面积为 100m² 的住房，单价为 8000 元/m²，首付款为房价的 30%，申请公积金贷款 40 万元，其余为商业性住房贷款，贷款期限为 15 年，采用月等额偿还方式还款，请用现时最新的公积金贷款和商业贷款的利率计算其月还款额为多少元。

（6）某家庭以按揭方式购买一套价值约 100 万元的二手房，若该家庭首付款为房价的 30%，其余在 10 年内按月等额偿还，年利率为 4.16%。问：①月还款额为多少？②如果该家庭 25% 的收入可以用来支付住房贷款，则家庭月收入应不少于多少方能购买上述住宅？

（7）与其他同学合作，分别扮演客户和经纪人员，模拟二手房买卖的各个环节。

任务 3

房屋租赁

[任务目标]

(1) 了解房地产租赁的业务流程。

(2) 会审验出租物业。

(3) 会审查出租人资格。

(4) 会进行房源客源配对。

(5) 会洽谈价格、撮合成交。

(6) 会代为办理出租登记。

(7) 理解租赁业务的注意事项。

[任务背景]

房地产租赁是房地产经纪公司经纪业务的主要内容之一。以下是王晶晶在其主管指导下了解到的关于房地产租赁业务的相关知识。

过程 3.1 明确房地产租赁的流程

3.1.1 了解房地产租赁的分类

(1) 公有房屋的租赁和私有房屋的租赁。

(2) 住宅用房的租赁和非住宅用房的租赁。

3.1.2 明确房屋租赁的流程

详细流程如图 3-1 所示。

客户咨询

↓

确定出租/承租意向

出租方登记　　　　　　承租方登记

↓

租赁配对

↓

实地看房　　————→　　不满意

满意　　←————　　继续介绍

↓

签订协议及相关交易合同

↓

预付相关费用

↓

房屋交验

↓

租后费用

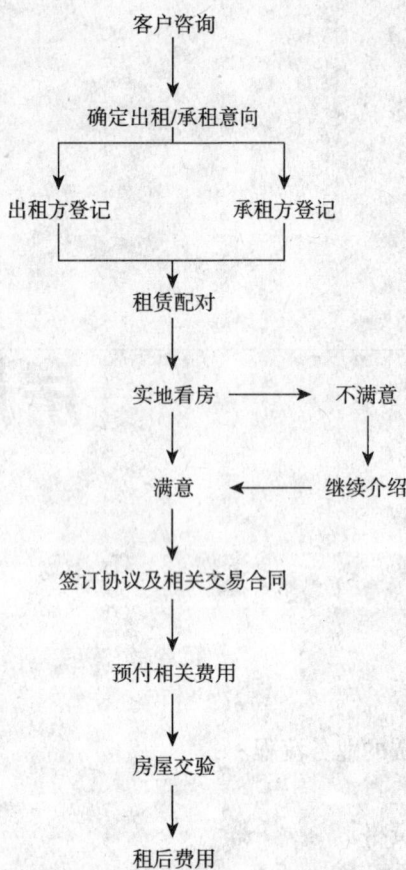

图 3-1　房地产租赁居间流程图

过程 3.2　接受放盘委托

王晶晶接受过一宗房地产租赁放盘委托，委托人是广州市居民林女士，以下是王晶晶接受委托的过程。

3.2.1　客户咨询

（1）林女士打电话到经纪公司，称自己有一套在天河区某大厦的两房两厅单元想出租，询问若在此分行放盘，租金大概可以收多少钱一个月。

（2）王晶晶接听电话，知道该大厦的类似单元的租金为 2000 元/月，于是报价为 2100 元/月（主管有交代，为留住盘源，报价一般略高于市场平均价格）。

（3）林女士希望租金能再高一点，王晶晶做解释、说服工作。

（4）林女士咨询经纪公司佣金的收取标准。王晶晶解释，业主方的佣金为月租金的 50%，在签订租赁合同时收取。

（5）林女士决定放盘。

3.2.2 审查委托人资格

王晶晶需审查林女士的身份。林女士是国内居民，王晶晶查验了林女士身份，并复印了她的身份证。

注：若委托人为港澳同胞、外国华侨或外国居民，应验证其护照。

当委托人是企业或机构单位时，应审查其法人资格（查验《企业法人营业执照》或《中华人民共和国组织机构代码证》）与具体经办人的法人能力（查验企业或单位出具的委托证明及代理人的身份证明）。委托证明必须注明代理人的姓名、委托代理的范围、权限、有效代理时间及委托日期等，并有委托单位和法人代表的签名盖章。

3.2.3 审查委托出租房屋

（1）审查委托出租房屋的权属情况，看房屋是否符合国家政策规定的出租条件。

1）房屋产权证。

2）房屋为共有产权的，应有共有人同意租赁的证明。

3）将住宅或其他用房改作经营用房出租的，应提交规划和房管部门同意的证明。

4）将房管部门直管公房内的场地出租的，应提交房管部门同意的证明。

5）住宅用房的租赁是否符合租赁政策。

6）房屋能否正常使用。

（2）审查林女士的房屋是否属于下列不得出租的房屋：

1）未依法取得房屋所有权证件的。

2）司法机关和行政机关依法裁定决定查封或者以其他形式限制房产权利的。

3）共有房屋未取得共有人同意的。

4）房屋权属有异议的。

5）属于违法建筑的。

6）不符合安全标准的。

7）房屋已抵押，未经抵押权人同意的。

8）不符合公安、环保、卫生等主管部门有关规定的。

9）有关法律法规规定禁止出租的其他情形。

3.2.4 填写《放盘登记表》

（1）审查合格后，王晶晶在《放盘登记表》（同任务 2 中的《放盘登记表》）上详细记录房源的情况，在价格上，主要记录清楚与业主谈妥的租金是否包税（即出租房屋租赁税）。

注：如果客户是来公司直接放盘，则由客户自己填写《放盘登记表》。

（2）王晶晶将林女士提供的盘源信息输入电脑，信息包括以下内容。

1）业主资料：业主的姓名、联系电话、通信地址等，必要时还可以要求业主留下身份证号码，以保证其资料的真实性。

2）房屋状况：房屋的位置、产权证（如房产证、土地使用权证等）、产权性质（如商品房、已购公有住房、经济适用住房等）、面积、用途、户型、楼层、朝向、装修、家具电器、物业管理收费标准及是否抵押等。要求尽可能详细。

3）放盘要求：业主所定的出租价格、租客要求、交房日期、税费支付方式等。

4）房源的其他信息：如信息来源、业主是否愿意独家代理等，尽量在房源信息库中备注清楚。

5）修改完房源数据库的资料后，王晶晶署名。

3.2.5 现场看房

（1）王晶晶打电话与林女士约好看房时间。

（2）王晶晶与林女士一同到现场查看登记出租的房产，核实房屋的基本情况，并与林女士提供的房屋资料进行核对，确保两者相符。

3.2.6 签署委托合同

看完房屋现场后，王晶晶与林女士回到公司签署出租委托合同，明确委托事项和权限，明确房地产租赁登记手续具体负责办理人。居间委托合同的主要条款包括：

（1）委托人（出售或出租）、居间方的姓名或名称、住所。

（2）居间房地产的坐落与情况。

（3）委托事项。

（4）佣金标准、数额、收取方式、退赔等条款。

（5）合同在履行中的变更及处理。

（6）违约责任。

（7）争议解决的处理办法。

（8）其他补充条款。

过程 3.3 寻找客户

3.3.1 客户开拓

王晶晶为争取早日找到合适的租客而勤奋工作。主管告诉王晶晶一些常用的客户开拓方法。

1. 门店揽客

即利用房地产经纪机构的店铺争取上门客户。王晶晶所在公司的门店采用的是玻璃外墙，玻璃门上张贴有一些楼盘的简单介绍，以吸引"有意向"的客户。王晶晶坐在房内即可"眼观六路"。当有客户上门时，王晶晶总是表现得积极主动，询问需求、提供信息和置业咨询，尽量达成租房意向。工作一段时间以来，王晶晶感受最深的就是一定要留下客户的姓名、联系电话和所需房屋的地段、面积和特别的要求。

2. 广告揽客

即以报纸宣传栏或广播电视、宣传单张来吸引客户。王晶晶知道每周一的《××日报》上有大版的房地产广告，很多客户都是从那里了解信息的。

3. 人际网络揽客

就是以经纪人认识的亲朋好友形成的人际网络介绍客户。王晶晶是本地人，所以在这方面很有人脉优势，家里的亲戚朋友经常为她带来一些客人。

4. 客户介绍揽客

即利用与服务过的客户所建立起的良好的客户关系来开发客源。

3.3.2 客户资料的收集与管理

（1）经纪公司的同事将通过各种方式收集到的客户资料统一输入计算机，每个级别的业务员均有不同的权限查看这些资料。客户资料主要包括：

1）基础资料。客户姓名、性别、年龄、籍贯；家庭地址、电话、传真、e–mail；家庭人口、子女数量、年龄、入学状况、职业、工作单位、职务、文化程度等。

2）需求状况。所需房屋的区域、类型、房型、面积；目标房屋的特征，如卧室、浴室、层高、景观、朝向；特别需要，如车位、通信设施、是否有装修；单价和总价、付款方式、按揭成数；配套因素的要求，如商场、会所、学校等。

3）交易记录。委托交易的编号、时间；客户来源；推荐记录、看房记录、洽谈记录、成交记录；有无委托其他竞争对手等。

（2）经纪人在了解新的信息之后，要及时对客户资料进行增加、删减或修改，每次修改都要署名。

3.3.3 客源房源配对

（1）王晶晶通过公司管理软件查看已登记的租客资料。

（2）主要查看需求与林女士提供的房源相当的客户情况，并做好记录。

（3）对客户资料进行筛选，选择出3位客户。

（4）分别与3位客户联系，介绍该房源的情况，询问客户的意见。

（5）3位客户中的马先生表示有兴趣看房，于是约定看房时间，并将该时间告知林女士。

3.3.4 带看房屋

（1）王晶晶比约定时间提前5分钟到达房屋现场。

（2）王晶晶带马先生看房，向马先生介绍周边环境与配套设施。

（3）马先生仔细查看房屋的内部环境，对房屋没有异议，但由于所配家具不太齐全，所以希望租金能够稍降一些。

过程 3.4 促成交易

3.4.1 洽谈租金与租赁期限

（1）王晶晶与马先生回到经纪公司就租金情况进行洽谈，马先生表示准备长期租住（价格合适的话起码会租 3 年或者更长时间），所以希望租金能够优惠一些。

（2）王晶晶就马先生的情况与林女士沟通，林女士表示如果租住时间较长，愿意略微降低价格。

（3）王晶晶通过努力协商下来的租金为 1950 元/月，租住时间为 1 年，以后若继续租住，直接续签合同。

注：房屋的租赁期限不得超过土地的使用年限；《中华人民共和国合同法》第二百一十四条对租赁期限作了最高不得超过 20 年的限制，超过 20 年的部分无效；租赁期限 6 个月以上的，应当采用书面形式。

3.4.2 签订租赁合同

（1）双方就租金达成一致意见后，王晶晶约林女士和马先生来经纪公司签订《租赁合同》。马先生需要带身份证（原件），林女士要带房产证原件和身份证。如果林女士房产证上业主有多人，所有业主都要来经纪公司签订合同，如果共有人无法到场，需提供由本人签署的委托书。

（2）签订《房屋租赁合同》（附录 7），合同主要条款有：

1）当事人姓名或者名称及住所。

2）房屋的坐落、面积、装修及设施状况。

3）租赁用途。

4）租赁期限。

5）租金及交付方式。

6）房屋修缮责任。

7）转租的约定。

8）变更和解除合同的条件。

9）双方的权利义务。

10）违约责任。

11）当事人约定的其他条款。

3.4.3 支付押金、结算佣金

（1）签订合同时，马先生应支付：

1）押金。总额为2个月的租金，即3900元。

2）租金。1个月的租金，即1950元。

3）佣金。半个月的租金，即975元。

马先生总计需交纳6825元。押金由经纪公司转交林女士收取，租赁期限到后由林女士退回。

（2）签订合同时，林女士应支付：

佣金。半个月的租金，即975元。

（3）王晶晶收到上述费用后，分别开具押金收据、租金收据和佣金发票给马先生（1年后，马先生凭押金收据要求林女士退回押金）；开具佣金发票给林女士。

3.4.4 协助租赁双方结清物业、水电等费用

（1）王晶晶列出一份详细的家具清单，注明具体情况，请租赁双方签字确认。

（2）王晶晶与林女士、马先生一同到出租房屋现场对房屋内的物品及水电进行登记，经双方确认签字，并写入《租赁合同》。

（3）交钥匙给马先生。如果林女士的房屋在合同约定的交房时间之前有欠费的行为，由她负责支付。在马先生接收房屋之后所产生的费用由马先生负责。

过程 3.5 办理租赁登记

王晶晶协助双方签订了房屋租赁合同后，将后续工作移交给公司专职人员，由其协助客户办理租赁登记。房屋租赁登记备案的流程如图3-2所示。

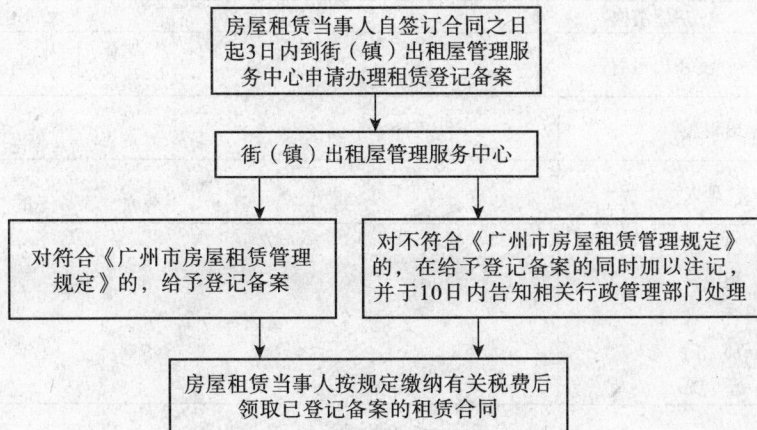

```
┌─────────────────────────┐
│ 房屋租赁当事人自签订合同之日  │
│ 起3日内到街（镇）出租屋管理服  │
│ 务中心申请办理租赁登记备案    │
└─────────────────────────┘
            │
            ▼
┌─────────────────────────┐
│   街（镇）出租屋管理服务中心    │
└─────────────────────────┘
       │              │
       ▼              ▼
┌──────────────┐ ┌──────────────────┐
│ 对符合《广州市房屋租赁  │ 对不符合《广州市房屋租赁管理规定》 │
│ 规定》的，给予登记备案  │ 的，在给予登记备案的同时加以注记， │
│               │ 并于10日内告知相关行政管理部门处理 │
└──────────────┘ └──────────────────┘
       │              │
       └──────┬───────┘
              ▼
┌─────────────────────────┐
│ 房屋租赁当事人按规定缴纳有关税费后 │
│ 领取已登记备案的租赁合同      │
└─────────────────────────┘
```

图 3-2 广州市房屋租赁登记备案流程图

3.5.1 准备好租赁登记所需的证件资料

（1）《房屋租赁登记表》（一式二份，见表3-1所列）。

（2）《房屋租赁合同书》（一式三份）。

（3）出租房屋方须提交：

房地产权证书或证明其产权的其他有效证件（指红线图、《建筑许可证》或已开具付清房款的购房合同书复印件），验原件。

注：暂未取得合法产权证明文件的房屋出租须提供房屋所在地村（居）委会以上级别的单位证明，另行申报办理登记手续。

（4）私人房屋出租须提交：

1）房屋所有权人身份证复印件（验原件）。

2）属共有房屋的需提供共有人身份证复印件（验原件）以及共有人同意出租的书面证明原件。

（5）单位房屋出租须提交：

1）法定代表人证明书原件。

2）单位法定代表人身份证复印件（验原件）。

房屋租赁登记表 表3-1

编号：

出租人				(章)	法人或负责人	
出租人身份证号码					电话号码	
代理人		身份证号码			电话号码	
房屋出租期限			自 年 月 日至 年 月 日			
出租房屋基本情况	房屋坐落地址					
	房地产权利证书或其他有效证件		证件号码		土地来源	
	土地使用年限		自 年 月 日至 年 月 日			
	房屋结构		房屋用途			
	房屋出租面积		楼层总数		所在楼层	
出租人				签章 年 月 日		
代理人				签章 年 月 日		
房屋租赁管理部门意见				签章 年 月 日		
备注						

3）属委托下属单位经营的房屋出租须提交房屋所有权人书面委托证明书原件。

4）已作为资产抵押的房屋出租须提交抵押权人同意其出租的书面证明书原件。

（6）承租房屋须提交：

1）承租方为个人的须提交：身份证复印件（验原件）；计划生育证明复印件（验原件）。

2）承租方为单位的须提交：法定代表人证明书原件；法定代表人身份证复印件（验原件）；委托他人办理登记的需提交法人代表授权证明书以及受委托人的身份证复印件（验原件）。

注：承租方以新成立的企业名称申请登记，须提交工商部门批准设立的企业名称预先核准通知书以及代表人身份证复印件，完成工商注册后补办相关手续。

3.5.2 办理租赁登记手续

（1）提出申请，提交有关文件、资料。

租赁当事人到租赁管理所领取《××市××区房屋租赁登记表》（一式二份）和《房屋租赁合同书》（一式三份），按《××市房屋租赁条例》如实申报填写，同时提交相关文件材料。

（2）登记审查。

租赁管理所受理租赁当事人提交的资料，收件人开具收件回执，即《房屋租赁申请登记证件收据》，于2日内对资料进行审查，并派专人到出租房屋现场查看，符合登记条件的，将有关资料输入计算机数据库或填写《房屋租赁合同登记表》。

（3）合同登记。

租赁管理所自接到租赁申请登记文件、资料之日起3个工作日内给予明确答复是否予以登记。符合规定的，由所长或指定的合同登记员在合同文本上签名、编号，加盖"××市人民政府房屋租赁管理合同登记专用章"，给予租赁登记，核发《房屋租赁证》；不予受理的，开具《房屋租赁登记退案通知》；不符合登记规定条件的，发出《不予登记回复》，同时抄送相关行政主管部门。

（4）租赁当事人缴纳税费并领取《房屋租赁证》。

例如，在广州市，租赁当事人须缴纳的相关税费为：

1）房屋租赁手续费，每宗80元，由出租人承担。

2）代地税局征收房屋租赁合同的印花税，按租赁合同租金总额的2‰征收，租赁双方各承担一半。

（5）租赁管理所立卷归档。

经登记《房屋租赁合同书》提交的资料，由租赁管理所按一户一档的原则建档保存。

（6）租赁当事人在办好房屋租赁登记手续后，凭市、区租赁管理所已办理登记的租赁合同到公安（消防）、工商、税务、劳动、计生等有关部门办理相关手续。

3.5.3 变更、解除和终止房屋租赁合同

合同的变更，是指合同尚未完全履行之前，双方当事人协商一致，依照法定的条件和程序，对原合同的内容进行增加、减少或改变。变更只能是对合同部分内容的改变，不能对整个合同的内容进行改变。

合同的解除，是指合同尚未履行或尚未完全履行之前，双方当事人协商一致，依照法定的条件和程序，终止合同的关系。

合同的终止，是指合同完全履行完毕，双方当事人依照法定的条件和程序，终止合同的关系。

办理房屋租赁合同变更、解除和终止登记应提交的文件、资料：

（1）《变更、解除、终止租赁合同申请表》（房屋租赁变更登记表见表3-2）。

（2）《房屋租赁合同》和《房屋租赁证》。

（3）符合下列情形之一的，还须提交的其他文件、资料：

1）在租赁期内发生房屋产权转让须变更出租人的，须提交产权转让后的产权证明文件、新的出租人身份证明或合法资格证明。

2）原由个人承租，现需变更为由承租人组建的公司承租的，须提交公司的合法资格证明。

3）租赁当事人因单位名称变更或出现合并、分立、转制等情形的，须提交有关上级的批文和新单位的合法资格证明。

房屋租赁变更登记表　　　　　　　　　　　　　表3-2

申请人（　）		身份证号码	
出租房屋坐落		区　　办事处　　居委会　路　　号	
申请时间	年　月　日	所有权证号	号
房屋所有权人			
原承租人		身份证号码	
申请事由			
原租赁期限		年　月　日至　年　月　日	
变更租赁期限		年　月　日至　年　月　日	
房屋所有权人意见： 签名（盖章）：　　年　月　日		房屋所有权人意见： 签名（盖章）：　　年　月　日	
审查意见： 签名：　　年　月　日		审查意见： 签名：　　年　月　日	
合同签证时间	年　月　日	租赁证号	号

[任务拓展]

（1）租赁业务中审查项目有哪些方面的内容？

（2）房地产经纪人员核实委托房屋的情况时应着重注意哪些方面？

（3）模拟训练洽谈租金价格。

（4）模拟训练带客看房。

（5）模拟训练代办房屋租赁登记手续。

（6）调查当地房屋租赁市场的现状。

商品房销售代理

[任务目标]

    （1）了解商品房代理的流程。

    （2）了解商品房销售的准备工作。

    （3）能根据客户情况推荐付款方式。

    （4）了解商品房销售相关文书的内容。

    （5）会接待看房客户。

    （6）会进行认购书的填写及按揭款项的计算。

    （7）会协助客户签约。

    （8）会协助客户办理按揭手续。

    （9）会协助客户办理房产证。

[任务背景]

    王晶晶后来到了另外一家房地产销售代理公司进行实习，实习岗位为销售代表。经过两周的培训和两个月的顶岗实习，她对商品房销售代理工作有了一定的认识，以下是她了解到的情况。

过程 4.1　商品房销售代理业务的获取

    商品房销售代理业务一般由专业的房地产代理公司或较大的房地产代理公司中专门的业务部门来完成。资深的房地产代理公司一般都有比较稳定的合作开发商。以下是房地产代理公司获取代理业务的主要过程。

4.1.1 寻求代理委托

1. 收集信息

房地产代理公司为寻找代理业务，应先制订计划，并充分利用信息资源、利用各种关系收集有关代理业务的线索或信息。通常的渠道包括通过客户介绍联系、向服务过的客户寻求继续合作的机会等。

2. 筛选

对收集到的信息资料进行筛选，选择出需要代理服务的开发商的名单，初步考察开发商的实力与是否有寻求代理商的意向。

3. 了解开发商的基本情况

深入了解开发商的基本情况、目前销售情况、开发商有无寻求代理服务的意向或打算采取何种方式寻求代理服务、开发项目的市场前景预测、竞争项目的情况、开发商的经验、资金状况及专业水平。

4.1.2 洽谈委托

房地产代理公司与选中的目标客户进行意向性的接触，洽谈有关委托代理事项。并对以下内容进行审查：

1. 审查委托人

主要是查验开发商的营业执照，看其是否具有法人资格。

2. 审查委托人的经济能力和经营范围

（1）自有资金的数量及注册资金的数量。

（2）有职称的各类专业技术人员的数量。

（3）从事房地产开发的年限。

（4）累计竣工的房屋建筑面积和房地产开发投资总额。

（5）工程质量的合格率和优良率。

对于实力差、信誉低、经营状况不良的开发商，代理公司在接受其委托前应慎重考虑。

3. 审查委托的标的物

代理公司应从以下几个方面审核开发商是否具有商品房预售的条件：

（1）是否已支付全部土地出让金，取得土地使用权证书。

（2）是否已办妥建设项目的投资立项、规划和施工的审批工作，取得《建筑工程规划许可证》和《施工许可证》。

（3）除付清地价款外，投入开发建设的资金是否已达到工程预算投资总额的25%。

（4）是否已在当地注册银行开立代售房屋预售款的账户，并与金融机构签订预售款监管协议。

（5）土地使用权是否作为抵押或已解除抵押关系。

（6）是否已制定商品房预售方案，该方案应当包括商品房的位置、建筑面积、交付使用日期、交付使用后的物业管理等内容，并应附有建设用地平面图。

4. 审查《商品房预售许可证》

代理公司在代理商品房预售业务时，应该查验开发商的《商品房预售许可证》。

4.1.3 签订委托合同

房地产开发商与代理商在明确各自的权利与义务的基础上签订经纪代理合同。对代理项目合理的定价是代理合同的核心。

4.1.4 制定代理计划与实施

代理商根据合同的约定，确定总体工作目标，并通过周密、具体的安排，把计划实施过程中的各项指标（如销售进度、销售增长率、电话询问量、成交率、平均成交价格等）与实际对照，找出差距、问题，及时调控。

过程 4.2 熟悉楼盘情况

4.2.1 了解楼盘自身情况

为做好销售工作，王晶晶提前对公司所代理的楼盘进行了充分的了解，主要包括：楼盘平面分布、套数、房数、户型、朝向、楼层分布、景观、绿化率、楼间距、停车位、物业管理、开发商等。

4.2.2 了解楼盘周边情况

除了楼盘自身情况外，王晶晶还了解了楼盘周边的情况，具体包括：

（1）公共配套设施。主要是楼盘周边有无幼儿园、中小学、超市、菜市场、银行、公园、广场等。

（2）环境景观。

（3）交通状况。主要是有哪些公交线路经过、有无公交站点、周边道路状况等。

（4）竞争性物业。主要是同类在售楼盘的售价、户型、位置、交通、配套等情况。

过程 4.3 销售资料准备

在销售人员的培训中，项目主管介绍了商品房销售过程中需要用到的资料，王晶晶做好了记录。这些资料主要是：

1. 法律文件

（1）建设工程规划许可证。

（2）土地使用权出让合同。

（3）商品房预售许可证。

（4）商品房买卖合同。

2. 宣传资料

楼书（形象楼书与功能楼书）、折页、置业锦囊、宣传单张等。

3. 销售文件

付款方式、价目表、按揭指引、缴纳税费一览表、办理入住指引、认购合同、购楼须知等。

过程 4.4　客户接待与引导

4.4.1　客户接待

（1）王晶晶等销售人员在销售中心做好充分准备，迎接客户。

（2）看楼车到达楼盘后，客户一家三口经引导员的指引来到销售中心。王晶晶面带微笑地迎向客户，向客户作自我介绍，并递上自己的名片。询问男客户如何称呼。客户称自己是张先生。

（3）边走边讲解楼盘的基本情况，引导张先生一家入座，同事协助送来茶水。

（4）与张先生一家人交谈，了解他们的看楼意向和置业需求，并试探性地向客户推荐户型，根据张先生一家人的反应及时进行调整，基本把握客户的需求。

（5）引导张先生一家人看楼盘的沙盘模型，并对楼盘的规模、户型、布局、配套设施及规划等情况进行介绍，着重于地段、环境、交通、生活机能、产品机能、主要建材的说明。小区模型的解说遵循由大到小、由外到内的原则，根据客户需求逐点细化讲解，让客户全面了解楼盘的情况。

（6）带张先生一家参观样板房，对面积、户型、朝向、单价、总价、交楼标准、装修等情况进行详细介绍。介绍顺序为门口——厨房——餐厅——客厅——卧室——阳台，重点突出户型的优点与设计的独到之处。

（7）参加完毕后一起回到销售中心。

4.4.2　客户引导

（1）王晶晶主动选择一个户型作试探性介绍，有针对性地引导客户了解楼盘价格，根据客户所喜欢的单元，在肯定的基础上，更详尽地加以说明。

（2）针对张先生存在疑惑的地方进行解释，强化其购买欲望。同时，提供相关的资料给客户看。主要的资料有：《楼盘价目表》、《购房须知》、《按揭指南》。

1) 楼盘价目表形式，见表4-1所列。

××楼盘价目表

表4-1

售价单位：人民币（元）　　　　　　　　生效日期：　　年　　月　　日

楼层	单元	A	B	C	D	E	F
	户型	三房二厅	三房二厅	二房二厅	二房二厅	二房二厅	二房二厅
	朝向	南	东南	南北	南北	北	东北
	标准层面积（m²）	102.31	102.31	73.69	74.55	75.70	75.70
二	即供按揭折实单价	4306	4324	3849	3828	3761	3779
	总价	468218	470175	301448	303303	302591	304039
三	即供按揭折实单价	4223	4241	3338	3574	3699	3717
	总价	459193	461150	261428	283177	297603	299051
……				……			
……				……			
十	即供按揭折实单价	4428	4447	3879	3860	3992	4011
	总价	481484	483550	303798	305838	321176	322705
	总价	481484	483550	303798	305838	321176	322705

2) 购房须知内容如下。

××楼盘购房须知

欢迎您认购××楼盘之物业，请您仔细阅读本《购房须知》、《价目表》《付款方式》等有关资料，我们将为您提供周到的服务。

一、××楼盘位于＿＿＿＿＿＿＿＿，为商品住宅，其产权可自由转让、出租、抵押，使用年限为70年。

二、××楼盘接受个人或单位认购。

个人购房者应年满18周岁，18周岁以下的签订购房合同须征得其监护人同意；

境内人士凭有效居民身份证认购；

境外人士凭有效护照或身份证认购；

以公司名义认购时，请备齐公司执照、法人身份证复印件、法人代表授权委托书和委托人有效身份证。

三、认购程序

交付预定款，并签订《××楼盘认购书》。

按认购书规定的时间及选定的付款方式交付首期或付清全款，并签订《××市商品房买卖合同》。

等候办理购房抵押贷款通知。

四、每套住宅的预定款为人民币_____万元整。预定款用现金或银行支票支付。

五、××楼盘的面积以政府部门核实为准。所认购的房号、业主姓名及付款方式在签订有效的法律文件后，不得随意更改。

六、购房费用明细（见附表）。

七、售楼咨询电话：_____

附：××楼盘《入伙时应付款项费用表》

项　目	备　注
1. 有线电视安装费：300 元/户	
2. 管道燃气初装费：3000 元/户（高层为 3500 元/户）	
3. 可视防盗对讲系统：1200 元/户	

3）按揭指南内容如下（以广州市为例）。

××楼盘按揭指南

××楼盘的银行抵押借款（即银行按揭）由中国工商银行广州××支行办理，并由××律师事务所提供办理抵押贷款手续，在您决定选择银行按揭支付方式前，请详细阅读本章：

	借款最大金额	借款最长年限
商品房	房价 80%	30 年
商铺	房价 60%	10 年
车库	房价 60%	10 年

一、个人购房抵押贷款

1. 贷款对象：中国工商银行提供房价最高 80%，最长 30 年的贷款期限，您可以在该范围内自由决定，但借款人年龄加上其借款年限不能超过 65 岁。工商银行可为您提供住房公积金个人住房抵押贷款服务，年限同上［注：如您申请的贷款期限为 30 年，则申请贷款时您的年龄不能超过 35 岁（男性）／30 岁（女性）］。

重要提示：银行按揭贷款只贷到万元位，万元下尾数款须在付第一期楼款时交到开发商处，例如您向工商银行借的 50% 楼款为 155000 元，您须将 5000 元交给开发商，其余 150000 元作为向银行申请的借款总额。

2. 贷款最高限额：银行根据客户提供的资料，经过审查核实。广州市户口贷款额最高可达房价的 80%，非广州市户口贷款额最高可达房价的 70%，期限最长不超过 30 年，利率执行中国人民银行公布利率。

二、申请银行按揭须具备的条件

1. 具有完全民事行为能力的自然人，且具有城镇常住户口或者有效居留身份。

重要提示：工行不单独受理 18 周岁以下、65 周岁以上人士抵押借款申请，暂不受理企业法人的抵押借款申请。

2. 60岁以上的退休人士须有经济能力人作担保，并劝谕以实有经济能力人名义购房借款，如坚持以老人名义购房，则降低借款额、年限，最高至60% 10年。

3. 与开发商签订《商品房预售合同》，并同意用所购的房产作抵押。

4. 有稳定的职业和收入，有按时偿还贷款本息的能力。

5. 已按合同付款时间、付款方式向开发商付清首期款。

备注：

a. 18岁以下人士可单独签署《房地产预售合同》，但不能单独签署《购房抵押借款合同》；

b. 18岁以下人士可与具有完全民事行为能力的自然人共同签署《房地产预售合同》，如需签署《购房抵押借款合同》，则需与符合银行借款条件的人士共同签署，及为未成年人代签署；

c. 每份《房地产预售合同》最多只能有4位购房人士签名。

三、申请银行按揭须向银行提供的资料

1. 国内居民须提供身份证和户口本原件及复印件二份，境外人士须提供护照或回乡证、身份证原件及复印件二份。

2. 提供下列收入证明或财产情况证明：

（1）证明借款人的收入或家庭月总收入不低于每月供款额的150%的单位证明原件（如月供款为1000元，其收入应为1500元以上）；

（2）不低于贷款额20%的定期或活期存折原件及复印件二份；

（3）其他资产证明文件，如存折、国债、房产证、租约（需提供市国土房管局登记备案的长期租约，租金不低于借款的200%）等原件及复印件二份。

3. 已缴楼款收据复印件二份。

4. 《××楼盘认购书》原件及复印件二份。

5. 《房地产预售合同》复印件。

重要提示：以上资料的原件和规格为B5的复印件，必须在申请银行按揭时交××律师事务所（地址：××市××路××号）。律师：××。电话：××××。以便审查、核对原件和复印件的真实性。

四、办理银行按揭须缴交费用

1. 《购房抵押借款合同》公证费：每份300元。

2. 抵押备案登记费：每套375元。

3. 房产保险费：楼价×0.1%×按揭年限［注：按揭2～5年，可获9折优惠；按揭6～10年，可获8折优惠；按揭10年（不含10年）以上，可获7折优惠］。

4. 印花税：贷款额×0.05%。

5. 《购房抵押借款合同》的律师签约服务费及律师见证费：贷款50万元以下每笔收费750元，贷款50万～100万元每笔收费1000元，贷款100万～150万元每笔收费1200元，贷款150万元以上每笔收费1500元。

6. 还款担保书的收费：500元（注：此项费用是为未成年人按揭作还款担保

公证费用）。

五、借款人申请中国工商银行按揭贷款流程

1. 与开发商签署《商品房预售合同》，并已向开发商缴交定金1万元，签署认购书3天内向银行提出贷款申请。

2. 在××律师事务所签署以下文件并由律师进行见证：

(1)《个人住房贷款申请审批书》；

(2)《购房抵押借款合同》；

(3)《借款凭证》；

(4)《抵押房屋保险协议书》；

(5)《委托书》；

(6)《公证申请表》；

(7)《他项权证登记申请书》；

(8) 其他须签署的文件；

(9) 支付本《按揭指南》第四、1. ～四、5. 项费用给××律师事务所。

3. 签署认购书10日内，与开发商签署商品房预售合同；开发商送房管局登记鉴证。

4. 银行约见借款人，银行保管客户有关文件。

5. 律师行通知借款人已批出贷款。

6. 借款人按《购房抵押借款合同》中约定的时间（次月15日前）开始按时将还款存入中国工商银行存折。

7. 借款人还清所有按揭款项后，撤销抵押备案登记，取回《商品房预售合同》或《房地产证》。

4.4.3 客户表明购买意向

王晶晶感觉张先生是实客，想买房但可能经济方面不是特别宽裕，不会一次性付清房款。而张先生也是看楼多次，经过比较，比较看好王晶晶代理的这个楼盘的一套三房单位，但觉得总价偏高，决定回家考虑之后再说。

王晶晶一直与张先生保持联系，每周打一到两次电话询问其考虑的结果并通报楼盘的销售情况，告知他如果想买一定要抓紧时间，三房单位非常畅销。在王晶晶的说服下，张先生决定购买看中的三房单位。

过程4.5　协助选择付款方式

4.5.1　介绍付款方式

(1) 王晶晶帮助张先生计算房屋总价。

(2) 王晶晶出示楼盘付款方式供张先生选择，见表4-2所列。

楼盘付款方式　　　　　　　　　　　　　　　　表4-2

制作时间：　　年　月　日

付款方法	一次性付款	即供按揭	轻松按揭	建筑分期
优惠折扣	96折	97折	99折	原价
签署认购书时付定金	人民币壹万元			
10天内签署《商品房预售合同》时付（扣除定金）	20%	10%（同时申请办理最高80%，30年银行按揭手续）	10%（同时申请办理最高80%，30年银行按揭手续）	20%
1个月内	45%	10%	—	—
2个月内	30%	—	—	20%
3个月内	—	—	5%	20%
4个月内	—	—	—	20%
6个月内	—	—	—	15%
发出入伙通知书10天内付清	5%	—	5%	5%

4.5.2　协助客户设计付款方案

（1）在了解了可选择的付款方式后，张先生表示以自己的经济能力目前只能以按揭的方式购买。王晶晶快速地测算各种付款方案的付款进度（表4-3），并根据张先生的情况推荐相应的付款方案。张先生作出了首付40%、余款进行10年按揭的决定。

（2）王晶晶向张先生明确首付楼款、月供款额、按揭费用、税费等各项收费额。

××楼盘付款参考　　　　　　　　　　　　　　表4-3

销售员：

××楼盘___轩___座___单位	建筑面积_____ m²	原价：____元
	折扣_____ 折实价_____元　折实单价_____元/m²	
一、一次性付款	_____年_____月_____日　定金_____元 _____年_____月_____日　首期（___%）_____元（税费：_____元）（扣除定金） _____年_____月_____日　付楼价（___%）_____元 _____年_____月_____日　付楼价（___%）_____元 接入伙通知书后10天内，付楼价（___%）_____元	
二、银行按揭	折扣_____ 折实价_____元　折实单价_____元/m² _____年_____月_____日　定金_____元 _____年_____月_____日　首期（___%）_____元（税费：_____元）（扣除定金） 银行按揭（___%）_____元 20年按揭，月供_____元 30年按揭，月供_____元 _____年_____月_____日　第二期（___%）_____元	

××楼盘___轩___座___单位	建筑面积_____m²	原价：____元

	折扣_____折实价_____元 折实单价_____元/m²		
三、轻松按揭	____年____月____日 定金_____元		
	____年____月____日 首期（___%）____元（税费：____元）（扣除定金）		
	银行按揭（___%）____元		
	20年按揭，月供_____元		
	30年按揭，月供_____元		
	____年____月____日 第二期（___%）____元		
	____年____月____日 第三期（___%）____元		
四、建筑分期付款	折扣_____折实价_____元 折实单价_____元/m²		
	____年____月____日 定金_____元		
	____年____月____日 首期（___%）____元（税费：____元）（扣除定金）		
	____年____月____日 付楼价（___%）____元		
	____年____月____日 付楼价（___%）____元		
	____年____月____日 付楼价（___%）____元		
	____年____月____日 付楼价（___%）____元		
	____年____月____日 付楼价（___%）____元		

计数人员：_____ 核数人员：_____ 日期：_____

过程 4.6 签订认购书

4.6.1 签订认购书

（1）王晶晶如实地向张先生介绍项目的进展、交楼时间、预售许可证等情况。

（2）张先生确定了付款方式后，王晶晶与张先生签订认购书。认购书格式如下：

××楼盘认购书

编号：No.　　　　　　　　　　　　　　日期：____年____月____日

开发商（甲方）：_____

认购方（乙方）：_____

身份证号码/公司注册编码：_____

联系地址：_____

联系电话：_____ 邮政编码：_____

策划销售代理（丙方）：_____ 销售代表：_____

认购物业：_____市____区____路____楼盘____栋____座____

单元_____，建筑面积_____m²（以竣工验收后房管局确认之面积为准）。

一、付款方法：A. 一次性付款；B. 银行按揭；C. 建筑分期

乙方同意按_____种方法付款，获_____折优惠，即售价为人民币_____元，大写：_____佰_____拾_____万_____仟_____佰_____拾_____元整，单价_____元／平方米。

1. 乙方于签署本认购书时交付定金，人民币壹万元正；

2. _____年_____月_____日前签订《房地产预售合同》，同时付房款的_____%，即人民币_____元（已扣除定金）及第二条第 8 款所列各项税费／管理费人民币_____元。

3. _____年_____月_____日前交付房款的_____%，即人民币_____元。

4. _____年_____月_____日前交付房款的_____%，即人民币_____元。

5. _____年_____月_____日前交付房款的_____%，即人民币_____元。

6. _____年_____月_____日前交付房款的_____%，即人民币_____元。

7. _____年_____月_____日前交付房款的_____%，即人民币_____元。

8. _____年_____月_____日前交付房款的_____%，即人民币_____元。

9. 其余房款，乙方分_____期每月向甲方支付，始付日期为_____年_____月_____日，每月支付_____元。

10. 乙方向_____银行申办按揭贷款，按揭额人民币_____元，年限_____年。月供款额_____元（如遇国家利率调整，则按银行有关文件规定相应调整按揭贷款利率）。

二、认购条款：

1. 乙方必须于签订本认购书后 10 日内交付首期并签署《房地产预售合同》。

2. 若乙方支付定金之日后 10 日内未能依时交付首期房价款，则本认购书不再履行，乙方已付定金甲方不予退还。

3. 若乙方选择银行按揭付款方法，须于_____年_____月_____日前向律师楼提供有关申办按揭的资料，并在接到银行或甲方的电话通知后，在规定的时间内到规定的律师楼签署贷款合同。否则本认购书不再履行，乙方已付定金甲方不予退还。如乙方按揭申请不为银行接受，在接到甲方通知之日起 5 日内不改变付款方式，则甲方有权单方面终止本楼宇认购书，并不退还定金，期间发生的有关费用由乙方承担。

4. 甲方与乙方签署《房地产预售合同》的同时，乙方应当交清首期房款以及各项应交税费。

5. 若乙方签署认购书后，未签署《房地产预售合同》前，要求转名或认购书的权益转让，需缴付给甲方相当于总楼价1%的转名手续费，唯与乙方有直接亲属关系者（只限夫妇、子女或兄弟姐妹关系），须于签署《房地产预售合同》时提交出有效证明文件之正本及副本，方可要求甲方免费办理转名手续。

6. 若乙方签署《房地产预售合同》后，要求更换商品房或加名、转名、减名，均需向广州市房地产管理部门提出申请，按房屋交易手续办理，有关税费由乙方承担。

7. 本楼宇于＿＿＿＿年＿＿＿＿月＿＿＿＿日前竣工并交付使用。

8. 按国家规定应由乙方负担的税费。

1）房屋买卖契约税：私人购买住宅为楼价的1.5%（签订《房地产预售合同》时付一半，即0.7%），单位购买住宅为楼价的3%，若购商场、车位，则按合同价的3%收取。

2）交易管理费：楼价的0.1%。

3）印花税：楼价的0.03%。

4）权证综合费：楼价的0.2%（包括房屋所有权登记费、测绘费、查册费等）。

最后税费以政府最新规定为准，税费合计为楼价的1.83%，签约时付0.78%，交楼时付1.05%，收费标准最终按国家规定执行。如采用银行按揭方式付款，有关按揭费用由乙方自负。

9. 本认购书作为乙方认购本物业的依据，与《房地产预售合同》均具法律效力。

10. 本认购书一式三份，甲、乙、丙三方各执一份，自三方签字及收到乙方的定金之日起生效。

出售方（甲方）：

认购方（乙方）：

策划销售（丙方）经办人：

（3）王晶晶将有关的宣传资料和相关文件交给张先生。

4.6.2 收取订金

（1）签订认购书后，王晶晶和现场经理在认购书上签名确认。

（2）王晶晶带领张先生拿着认购书到财务处交纳订金。此处，订金不能写成"定金"；"客户名称"一栏要请客户确认写谁。

（3）财务人员将订单第一联（客户联）交给张先生收存。王晶晶告诉张先生妥善保存，在下次补足定金或签约时要将客户联带来。

（4）王晶晶与张先生确定定金补足日或签约日（1周之内），详细告诉张先生各种注意事项和所需带齐的各类证件。

过程4.7　协助签约

4.7.1　向客户介绍签约须知

张先生在售楼处签订完认购书后，王晶晶向其发放了签约须知。签约须知主要包括如下内容。

（1）项目法律文件：国有土地使用证号、预售许可证。

（2）购房人应携带的有效身份证件，公司应携带的文件、购房批文等。

（3）房款支付方式。

（4）购房应缴纳的税费说明：印花税、契税、手续费、房产权属登记费、权证工本费、权证印花税。

4.7.2 到律师楼签约

（1）王晶晶与律师沟通，约好签订合同的时间，并通知张先生按照约定的时间准时到律师事务所签订正式的《商品房预售合同》。

（2）律师审查张先生的身份证件，确定其契税缴纳类别，并向他提供法律咨询服务。

（3）签约成交，王晶晶按合同规定收取第一期房款，同时相应抵扣已付订金，并开具收费收据。

（4）将订金单据收回交现场经理备案。

4.7.3 帮助办理银行贷款事宜

（1）提供材料。王晶晶通知张先生备齐身份证、收入证明、付清首期款证明等资料，到指定银行填写《按揭贷款申请表》。

（2）王晶晶帮助张先生确定采用公积金贷款方式。

（3）张先生到公积金管理中心的"咨询、复印"窗口领取《申请表》并填好，向公积金中心"个人住房贷款"窗口递件，审批贷款，确定贷款额度。以中国建设银行为例，公积金贷款需提供的证件有：

1）身份证件（居民身份证、户口本、居留证件或其他身份证件）。

2）借款人偿还能力证明材料。

3）合法的购房合同、协议或（和）其他批准文件。

4）抵押物或质押权利清单及权属证明文件，有处分权人出具的同意抵押或质押的证明，贷款银行认可的评估机构出具的抵押物估价报告书。

5）保证人出具的同意提供担保的书面承诺及保证人的资信证明。

6）借款人用于购房的自筹资金的有关证明。

7）贷款行规定的其他文件和资料。

（4）签订贷款合同及相关法律文件。

（5）到国土房管部门办理房地产过户手续。

（6）办理抵押登记手续。

（7）银行发放贷款。

（8）登记备案且办好银行贷款后，合同的一份应交给客户。

4.7.4 帮助办理登记备案

1. 所需资料

王晶晶通知张先生要准备好以下资料：

（1）商品房预售合同。

（2）张先生身份证明（身份证、护照等），夫妻共同登记需提供户口簿或结婚证明。

（3）付款凭证（复印件）。

2. 办证

（1）帮助提交材料

王晶晶携带开发商的相关资料与张先生一起到房地产交易中心提交上述材料，填写房地产登记申请书和房屋产权转移申请书。

交易中心经过初审认为合格的，送房地产管理部门认定的测绘部门配图、绘制房屋平面图的地籍图，加盖公章。初审不合格的，退还给申请人。

张先生在图纸上签字或盖章。

（2）帮助缴纳税费

张先生办理房屋产权过户手续，需要缴纳的税费见表4-4所列。

房屋产权过户需缴纳的税费　　　　　　　　　　表4-4

费用名称	收费标准	缴交方
房屋所有权登记费	单位登记：80 元/宗 个人登记：50 元/宗 每增加一本证书可按每本 10 元收取工本费	登记方承担
交易手续费	卖方：3 元/m^2（商品房、集资房） 卖方：1.5 元/m^2（解困、安居、房改房）	卖方承担
权证印花税	5 元/本	买方承担
契税	解困房、安居房及商品房的个人购买普通住宅：交易价×1.5% 其余：交易价×3% 集资房按规定标准 1.5% 计算，其征收基数：近郊 1000 元/m^2； 中郊 700 元/m^2；远郊 500 元/m^2	买方承担
印花税	卖方：交易金额×0.05% 买方：交易金额×0.05%	买卖双方共同承担

（3）审核

张先生把房屋交易材料、身份证明、纳税证明送交房地产登记部门审核。

（4）领证

张先生支付房地产权证工本费和 5 元印花税。从申请登记到发证，一般需要30 天左右。

4.7.5　介绍后续事宜

王晶晶根据张先生的要求介绍签约之后的其他相关事宜，如办理合同登记备案、签物业管理合同、办理交房及入住手续、办理产权过户手续等。

王晶晶是根据开发商的承诺进行介绍的，没有随意向客户许诺，否则会构成越权代理，引起不必要的纠纷。

[任务拓展]

（1）模拟进行房地产销售资料的准备。

（2）模拟销售人员进行客户接待与楼盘讲解训练。

（3）模拟销售人员进行样板房讲解。

（4）模拟销售人员帮助客户设计付款方案。

（5）模拟签订认购书。

（6）说出在协助签约的过程中经纪人员应完成的工作。

代办房地产登记

[任务目标]

    （1）了解房地产登记的种类。

    （2）学会办理初始登记。

    （3）学会办理继承登记。

    （4）学会办理分割登记。

    （5）学会办理赠与登记。

    （6）学会办理抵押登记。

    （7）学会办理涂销登记。

[任务背景]

    在经纪公司工作期间，王晶晶除经常接触房屋买卖与租赁的客人外，通常还有部分客人来询问其他的一些代办业务，以下是她经手的有关代办房地产登记的相关工作内容。

过程 5.1 接受房地产代理登记委托

    经纪公司接受客户委托，代办房地产登记。当事人委托代理人申请登记时，需要与房地产经纪公司签订《房屋委托代办合同》和《授权委托书》，其格式如下。

房屋委托代办合同

这一合同主要用于房地产经纪人为客户代办房地产交易手续，例如交易双方共同委托房地产经纪人办理成交后的交易过户手续、贷款手续、他项权利登记手续等。

委托方：　　　　　　　　　　　　　　　　（以下简称甲方）

代理方：××房地产经纪有限公司　　　　　　（以下简称乙方）

甲、乙双方依据《中华人民共和国合同法》及其他法律有关规定，就委托代理出售房屋及相关手续的有关事项自愿订立以下条款，共同严格履行。

一、甲方委托乙方全权代表甲方办理以下事务：

二、乙方根据甲方的以上授权履行以下义务：

三、乙方只对甲方授权的事项负责。

四、乙方完成代理事务，甲方按委托房屋成交价总额_____%的比例向乙方支付服务费。甲方委托事项涉及的税费由甲方承担。

五、甲方撤销委托应以书面形式，挂号邮寄通知乙方，乙方收到通知之日，本合同终止。

六、双方签订本合同后未经乙方同意，甲方不得委托第三人代理上述事务，甲方委托第三人代理上述事务或中途撤销委托造成乙方损失的，甲方应全额赔偿乙方的经济损失。

七、自签订本合同当日起10日内，乙方不处理代理事项或甲方不按乙方要求提供委托房屋的有关凭证及材料视作违约，另一方有权对违约方追索违约金，且本合同自然解除。

八、乙方超越本合同约定的委托权限而造成甲方损失的，乙方应赔偿甲方的经济损失。

九、本合同条款空格部分书写与铅印文字具有同等效力。

十、本合同经双方法定代表人签字、公证即生效。本合同一式五份，委托方一份，公证方一份，受托方三份。

委托方：　　　　　　　　　受托方：××房地产经纪有限公司

身份证号：　　　　　　　　地址：

法定住所：　　　　　　　　授权代表签字盖章：

联系电话：　　　　　　　　联系电话：

公证方：

　　　　　　　　　　　　　签约地址：

　　　　　　　　　　　　　签约日期：　　年　　月　　日

授权委托书

今委托_____（公民身份证号码：_____）为我（单位）的代理人，全权代表我（单位）办理坐落于_____区（县）_____房屋的登记事项。

初始登记□　　　　转移登记□　　　　变更登记□

注销登记□　　　　抵押登记□　　　　补证、换证登记□

我（单位）对代理人依规定办理的有关登记事宜均承担法律责任。

_____系我单位法定代表人（负责人）。

委托人（盖章、签名）：

受托人（签名）：

受托日期：　　年　　月　　日

过程 5.2　代办继承登记

继承登记适用于业主死亡后办理的遗产继承登记，所需时间约 2 个月左右。

1. 所需资料

（1）必需资料：

1）继承公证书；

2）房地产证（共有证）；

3）申请人的身份证明；

4）房地产登记申请书。

（2）补充资料：委托书。

2. 步骤

（1）到公证处办理继承公证。公证费用：评估价×2%。

正常的继承需提供单位、派出所或街道出具的亲属关系证明、结婚证、死亡证，直系亲属本人需到场并提供身份证原件（如有出生证最好也能提供），由公证处调查是否真实（调查费：200 元起）。

（2）公证处出具介绍书到房管局估价所进行评估（3～4 个工作日），然后再到房地产交易中心登记窗口办理继承登记手续（登记费用：50 元/宗），取继承新证后，等归档后才可递件。

3. 案例

张小姐的父亲病故，但生前因病欠下一笔债务，张小姐的母亲想出售以其丈夫名义登记产权的一套住宅用以还债。张小姐声称自愿放弃该套物业的继承权，但她还有一未成年的弟弟。

张小姐的母亲要出售该物业需先办理继承登记手续。张小姐的母亲需持身份证、结婚证、户口本、其丈夫的死亡证、其儿子的出生证、房地产证以及张小姐的身份证等到房屋所在地公证处办理继承公证书。由于张小姐自愿放弃继承权，公证处出具的继承公证书已经注明房屋由张小姐的母亲和张小姐的弟弟继承。然后，张小姐母亲本人持测绘图、继承公证书、房地产证、身份证、户口本、房地产登记申请表到交易中心登记窗口办理继承登记手续。继承公证书样本如下。

继承公证书（样本）

（　　）××字第××号

被继承人：×××（应写明姓名、性别、生前住址）

继承人：×××（写明姓名、性别、出生年月日、住址、与被继承人的关系）

继承人：×××（同上，有几个继承人应当写明几个继承人）

经查明，被继承人×××于×年×月×日因×××（死亡原因）在×× ×地（死亡地点）死亡。死后留有遗产计：×××（写明遗产的状况）。死者生前无遗嘱。根据《中华人民共和国继承法》第五条和第十条的规定，被继承人的遗产应当由其×××、×××（继承人名单）共同继承（如果有代位继承的情况应当写明继承人先于被继承人死亡的情况；如果放弃继承，应当写明谁放弃了继承，放弃部分的遗产如何处理等内容）。

中华人民共和国××市（县）公证处
公证员：×××（签名）
×年×月×日

过程 5.3　代办赠与登记

赠与登记适用于亲戚朋友间赠与房屋的情况，所需时间约 1 个月左右。

1. 所需资料

（1）必需资料：

1）赠与公证书；

2）房地产证（共有证）；

3）房地产登记申请书；

4）申请人的身份证明或者法人资格证明。

（2）补充资料：

1）当赠与双方中有一方是单位，需提交市政府批准赠与或受赠的有关批文；

2）委托书。

2. 步骤

（1）到公证处办理赠与公证（双方亲自到场，备齐身份证原件及房产证原件）。公证费用：评估价×2%；契税：评估价×3%。

（2）持上述必需资料到房管局办理赠与登记（登记费用：50 元/宗）。

3. 案例

A 与 *B* 是两兄弟，曾用共同的名义购买了一套一房一厅的单位，现 *A* 有经济能力买另一套二房单位，想将属于自己的份额无偿送给弟弟 *B*，于是提出到交易中心办理赠与登记手续。他们需提供赠与公证书、估价答复书、契税完税证、房地产证原件及身份证复印件（核对原件）、房地产登记申请表，亲自到交易中心登记窗口

办理赠与登记。所需费用如下，公证费：评估价×2%；契税：评估价×3%；登记费：50元；证照印花税：5元。

过程5.4 代办遗失登记

遗失登记统称灭失登记，所需时间约3个月左右。

1. 所需资料

（1）必需资料：

1）房地产登记申请书；

2）登报报纸（整张报纸）；

3）遗失具结报告；

4）营业凭证（单位需提供）；

5）申请人的身份证明或法人资格证明。

（2）补充资料：

1）如果产权人死亡，需提供产权人的死亡证明和原产权人与申请人的关系证明；

2）如涉及银行按揭的，需提供银行证明、营业执照、法人身份证、法人委托书及《房地产他项权证》；

3）委托书。

2. 步骤

（1）内部查册（约7个工作日）。

（2）持申请人身份证复印件（核对原件）、遗失具结报告（业主自己写）、房地产登记申请表，到登记窗口开具《灭失证明》（即登报证明）。

（3）登报1天（如《广州日报》）费用约800元。

（4）凭登报报纸（需要全张完整的报纸）到档案管办理调档手续（调测绘图）费用50元（约7个工作日）。

（5）凭调档的测绘图到测绘所办理转绘（费用20元，约3个工作日）。

（6）登报后1个月持报纸原件、测绘图到房管局办理灭失登记手续（30个工作日后）。

（7）取证（缴交证照印花税5元）。

3. 案例

陈先生携本人身份证、房地产证与买家相约到交易中心办理转名手续，途中房产证丢失了，因此，陈先生需先办理遗失登记。首先，陈先生到交易中心申请内部查册，7个工作日后，持身份证复印件（核对原件）、遗失报告到登记窗口开具登报证明。然后在《广州日报》上登报1天，持报纸原件到档案馆办理调档手续，调测绘图后再晒图。登报1个月后，备齐登报报纸原件（整张报纸）、身份证复印件（核对原件）、测绘图到房管局办理灭失登记，所需时间一共约3个月。

过程 5.5　代办分割登记

分割登记适用于业主需要将房屋分为两个物业的情况。所需时间约 3 个月左右。

1. 所需资料

（1）必需资料：

1）实测报告；

2）房地产证（共有证）；

3）申请人的身份证明；

4）房地产登记申请书；

5）分割报告（需在原测绘图复印件上划分显示分割后的图样）。

（2）补充资料：委托书。

2. 步骤

（1）实测（持分割报告到市房管局测绘所办理申请实测手续，所需时间约 1 个月，费用：1.36 元×总建筑面积）。

（2）持上述必需资料到市房管局办理分割登记（登记费用：50 元/宗），所需时间约 1 个月。

3. 案例

某日，张先生来电话说有一住宅想出售。经了解，张先生的物业总建筑面积是 148m^2，四房二厅单位。房产证上面的出证日期为 2003 年 10 月 31 日，现有两买家分别看中了该物业的一房一厅和三房一厅。张先生想了解该如何办理该房屋的出售手续。提出如下问题：（1）我想将该物业分成一房一厅（约 48m^2）和三房一厅（约 100m^2）同时出售，应该如何办理？（2）在出售的过程中，我需要缴交哪些税费？这些税费能否减免？请给我一个较好的建议。

经纪人员给出的解答是：

（1）应持房地产证原件及复印件、身份证原件及复印件、分割报告到市房管局测绘所办理申请实测手续，约 1 个月时间。待出分割图后，持实测报告、房地产证原件及复印件、买卖双方身份证原件及复印件、买卖申请表及房地产买卖合同到交易中心进行递件。

（2）在出售过程中，张先生需缴交的税费有：交易手续费、印花税、营业税、个人所得税。其中交易手续费及印花税是一定要缴交的。营业税与个人所得税可通过房管局档案馆调档契税完税证和预售合同，若调档的契税完税证填发日期距现时够 2 年的，可免征营业税；若调档预售合同的交楼时间距现时递件回执时间满 5 年，可免交个人所得税。

过程5.6　代办合并登记

合并登记适用于业主需要将两间物业合为一个物业。

1. 所需资料

（1）必需资料：

1）实测报告；

2）房地产证（共有证）；

3）申请人的身份证明；

4）房地产登记申请书；

5）合并报告。

（2）补充资料：委托书

2. 步骤

（1）实测（持合并报告到市房管局测绘所办理申请实测手续，所需时间约1个月，费用：1.36元×总建筑面积）。

（2）持上述必需资料到市房管局办理合并登记（登记费用：50元/宗）。

过程5.7　代办涂销登记

当借款人还清了全部贷款本金和利息后，银行给借款人出具已还清贷款的证明及解除抵押通知单。借款人可持银行的贷款还清证明和解除抵押通知单去房产所在地的房地产行政主管部门注销抵押。房屋交易行政主管部门审核借款人提供的材料合格后，在房屋所有权证上盖注销章，以上就是涂销登记。

1. 所需资料

（1）必需资料：

1）房地产他项权证；

2）房地产证（共有证）；

3）申请人的身份证明；

4）他项权利申请表；

5）银行还清贷款证明。

（2）补充资料：

1）委托书；

2）如银行改名提供银行改名批文。

2. 步骤

持上述必需资料到市房管局办理涂销登记（即日出，交涂销查册费90~180元）。

过程 5.8   代办析产登记

在夫妻离婚、兄弟姐妹分家等情况下可能会涉及共有房屋的分割，这时就需要办理房屋析产手续，也称房屋分割手续。办理房屋析产手续的前提条件是已取得了房屋所有权证，双方或多方签署了合法有效的财产分割协议。以下为离婚析产业务流程。

1. 所需资料

（1）必需资料：

1）离婚判决书（需中级以上人民法院判决，如初级人民法院判决需提供民事调解书或生效书）或离婚协议书（经区级以上公证处公证有效，没有公证的需夫妻双方到场办理析产登记）或离婚证（背后需注明财产分配情况）；

2）房屋所有权证附图（共有证）；

3）申请人的身份证复印件（核对原件），协议离婚需提供双方的身份证复印件（核对原件）；

4）房地产登记申请书；

5）房改房提供原购房契约复印件（核对原件）；

6）私有平房还需提供测绘部门提供的测绘图、表两份。其中一份在受理窗口提交，另一份在领取新房产时在制证窗口提交，由工作人员直接粘贴在房屋所有权证上；

7）分割（析产）协议（原件，共有房屋分为单独所有）；或者书面申请（原件，登记为一处的房屋分为二处以上）；

（2）补充资料：委托书。

2. 步骤

（1）到公证处办理析产公证。公证费用：500～800元。

（2）到交易中心办理转绘（即日出）。

（3）离婚析产的办理免征契税申请（10个工作日）。

（4）持上述必需资料办理析产登记手续（7个工作日）：缴交50元登记费。

（5）取证（缴交证照印花税5元）。

3. 案例

张先生与妻子离婚，对共同拥有的一套物业的所有权无法达成一致的协议，最后经法院判决，将该物业的所有权判与张先生。张先生对该物业毫无留恋，想办理完析产登记后将该物业出售，于是携房地产证及共有证、法院的初级离婚判决书、自己的身份证原件及复印件和妻子的身份证复印件先到交易中心契税免征窗口办理免征契税手续。但是交易中心并没有受理，为什么？若资料齐全，张先生办理完整个析产登记手续需要多长时间？析产后出售，张先生需要缴交什么税费？

案例分析：因为张先生所持的离婚判决书是法院的初级判决书，需同时提供民事调解书或生效书，方可办理免征契税手续。若资料齐全，张先生办理完整个析产登记手续需 17 个工作日。析产后出售，张先生需缴交：交易手续费、印花税、个人所得税（房产证出证时间不满 5 年需缴交）。

过程 5.9 代办变更登记

变更登记适用于房产证上需要变更资料的情形，如权属人、身份证号码、面积、地址的变更等。

1. 所需资料

（1）必需资料：

1）派出所证明或实测报告及测绘图；

2）房地产证（共有证）；

3）申请人的身份证明；

4）房地产登记申请书（表 5-1）；

（2）补充资料：委托书。

2. 步骤

（1）到市房管局测绘所办理实测（1 个月）（面积变更）。

（2）到派出所出证明和测绘（3 个工作日）（地址变更）。

（3）持上述必需资料到交易中心办理变更登记（1 或 7 个工作日）；缴交 50 元登记费。

（4）取证（缴交证照印花税 5 元）。

××市房地产登记申请书（初始、变更登记）　　　　表 5-1

种类：□土地初始登记、□初始登记、□变更登记

房地产坐落				
土地面积	m²	土地用途		
建筑面积	m²	房屋用途		
申请人		联系电话		
国籍/户籍		所属行业（申请人为单位时填写）		
身份证件名称		证件号码		
联系地址		邮编		
代理人		联系电话		
身份证件名称		证件号码		
联系地址		邮编		
变更内容（变更登记填写）				
备注				

申请人：（签章）　申请人：（签章）

代理人：（签章）　代理人：（签章）

申请日期：　　　年　　月　　日

3. 案例

甲有一套物业，甲的儿子第二年要入学读书，学校要求提供户口本和房地产证才可以就近入学。甲需要先以该地址到派出所入户口，再到学校报名。但现时该物业的地址已改，与房地产证上的地址不相符。由于原房地产证上的地址已不存在了，想将房地产证上的地址改为现时的物业地址。那么甲应办理变更登记还是更正登记？需提供哪些资料？如何区分变更登记与更正登记？

案例分析：甲应该办理地址变更登记手续。需提供的资料：派出所证明、测绘图、房地产证、身份证、房地产登记申请书。变更登记适用于房地产证上需要变更的资料，如权属人改名、身份证号码、面积、地址等；更正登记适用于房地产证与档案不符的情形，可能是档案馆录入错误，也可能是交易中心审核错误或打证时出错等。

过程 5.10 代办更正登记

更正登记适用于房地产证与档案不符的情形，可能是档案馆资料录入错误，也可能是交易中心审核错误或打证时出错等。

1. 所需资料

（1）必需资料：

1）正确的缴款明细表原件（房改房需提供）、测绘图等相关资料；

2）房地产证（共有证）；

3）申请人的身份证明；

4）房地产登记申请书（表 5-2）。

（2）补充资料：委托书。

2. 步骤

持上述必需资料到交易中心办理更正登记（30 个工作日）。

房地产登记申请书   表 5-2

种类：□补证、□换证、□登记更正、□登记异议、□登记撤回、□其他

房地产坐落			
房地产权证号（或登记、备案证明号）			
申请人		联系电话	
身份证件名称		证件号码	
联系地址		邮编	
代理人		联系电话	
身份证件名称		证件号码	
联系地址		邮编	
申请人		联系电话	
身份证件名称		证件号码	
联系地址		邮编	

房地产坐落						
房地产权证号（或登记、备案证明号）						
代理人		联系电话				
身份证件名称		证件号码				
联系地址		邮编				
备注						

申请人：（签章）　申请人：（签章）

代理人：（签章）　代理人：（签章）

申请日期：　　年　　月　　日

过程 5.11　代办房改房交易登记

房改房登记的程序是：勘丈绘图——填表申请——收件缴费——审查权属——交易监证——转移过户——缮证发证。

1. 勘丈绘图

产权登记前，申请单位把需登记的房屋，按幢或单元层别要求，提请市房地产测绘所查丈，绘制房地产平面总图和按单元或层别绘制产权证附图，编定地号。

2. 填表申请

房地产经查丈绘图和编地号后，申请单位着手填写登记表格：未出售的房屋以开发公司名义按幢或层别或单元填写《房地产登记申请书》、《土地使用权登记申请表》；已出售的房屋，属全幢已出售的，按幢填一份《房地产登记申请书》；部分出售的，按出售情况分别填写《房地产登记申请书》。填表后，携带登记应缴交的证件到市房地产登记所申请登记。

3. 收件缴费

经审查证件齐全、手续完备的，立案收件。属先以开发公司名义确权出产权证明书到交易所监证的，只编统字登记字号；属未出售的房屋，则每宗编一个统字和土字登记号，填写《房屋登记收费表》给申请人缴纳登记费用后，发收件收据给申请人收执。

4. 审查权属

经审查登记的房地产权来源清楚、证件齐全、手续完备的，即填写《房地产登记审定书》，加具意见后报领导审批。经批准同意发证的，由经办人将案交收发人员转交缮证员；同意发产权证明书的，经办人员负责填写《房地产权属证明书》，经校对无误后核发。

5. 交易监证

申请单位领到《房地产权属证明书》后，到市房地产交易所领取《新建商品房买卖申请审批表》，买卖双方按表格内容填写后，携带监证需缴验的证件到交易所办理交易监证手续。经交易监证后核发《房地产交易监证证明书》。

6. 转移过户

申请单位会同购房人携带《房地产权属证明书》、《房地产交易监证证明书》等证件，到市房地产登记所办理过户手续，由登记所原经办人员立案收件办理，填写《房地产登记审定书》，加具意见后报领导审批。

7. 缮证发证

经领导审批同意发证的房地产，由经办人员将案交收发人员签收后转交缮证人员缮证，权证缮写完毕经有关人员校对无误后，由发证人员通知业权人前来领取。

[任务拓展]

（1）说出房地产登记的种类。

（2）说出房地产登记的一般流程。

（3）说出各类房地产登记所需提交的资料。

房地产经纪人员
职业资格制度暂行规定

第一章 总 则

第一条 为了加强对房地产经纪人员的管理，提高房地产经纪人员的职业水平，规范房地产经纪活动秩序，根据国家职业资格制度的有关规定，制定本规定。

第二条 本规定适用于房地产交易中从事居间、代理等经纪活动的人员。

第三条 国家对房地产经纪人员实行职业资格制度，纳入全国专业技术人员职业资格制度统一规划。凡从事房地产经纪活动的人员，必须取得房地产经纪人员相应职业资格证书并经注册生效。未取得职业资格证书的人员，一律不得从事房地产经纪活动。

第四条 本规定所称房地产经纪人员职业资格，包括房地产经纪人执业资格和房地产经纪人协理从业资格。

取得房地产经纪人执业资格是进入房地产经纪活动关键岗位和发起设立房地产经纪机构的必备条件。取得房地产经纪人协理从业资格，是从事房地产经纪活动的基本条件。

第五条 人事部、建设部共同负责全国房地产经纪人员职业资格制度的政策制定、组织协调、资格考试、注册登记和监督管理工作。

第二章 考 试

第六条 房地产经纪人执业资格实行全国统一大纲、统一命题、统一组织的考试制度，由人事部、建设部共同组织实施，原则上每年举行一次。

第七条 建设部负责编制房地产经纪人执业资格考试大纲、编写考试教材和组织命题工作，统一规划、组织或授权组织房地产经纪人执业资格的考前培训等有关工作。

考前培训工作按照培训与考试分开，自愿参加的原则进行。

第八条 人事部负责审定房地产经纪人执业资格考试科目、考试大纲和考试试题，组织实施考务工作。会同建设部对房地产经纪人执业资格考试进行检查、监督、指导和确定合格标准。

第九条 凡中华人民共和国公民，遵守国家法律、法规，已取得房地产经纪人协理资格并具备以下条件之一者，可以申请参加房地产经纪人执业资格考试：

（一）取得大专学历，工作满6年，其中从事房地产经纪业务工作满3年；

（二）取得大学本科学历，工作满4年，其中从事房地产经纪业务工作满2年；

（三）取得双学士学位或研究生班毕业，工作满3年，其中从事房地产经纪业务工作满1年；

（四）取得硕士学位，工作满2年，从事房地产经纪业务工作满1年；

（五）取得博士学位，从事房地产经纪业务工作满1年。

第十条 房地产经纪人执业资格考试合格，由各省、自治区、直辖市人事部门颁发人事部统一印制、人事部和建设部用印的《中华人民共和国房地产经纪人执业资格证书》。该证书全国范围有效。

第十一条 房地产经纪人协理从业资格实行全国统一大纲，各省、自治区、直辖市命题并组织考试的制度。

第十二条 建设部负责拟定房地产经纪人协理从业资格考试大纲，人事部负责审定考试大纲。

各省、自治区、直辖市人事厅（局）、房地产管理局，按照国家确定的考试大纲和有关规定，在本地区组织实施房地产经纪人协理从业资格考试。

第十三条 凡中华人民共和国公民，遵守国家法律、法规，具有高中以上学历，愿意从事房地产经纪活动的人员，均可申请参加房地产经纪人协理从业资格考试。

第十四条 房地产经纪人协理从业资格考试合格，由各省、自治区、直辖市人事部门颁发人事部、建设部统一格式的《中华人民共和国房地产经纪人协理从业资格证书》。该证书在所在行政区域内有效。

第三章 注 册

第十五条 取得《中华人民共和国房地产经纪人执业资格证书》的人员，必须经过注册登记才能以注册房地产经纪人名义执业。

第十六条 建设部或其授权的机构为房地产经纪人执业资格的注册管理机构。

第十七条 申请注册的人员必须同时具备以下条件：

（一）取得房地产经纪人执业资格证书；

（二）身体健康，能坚持在注册房地产经纪人岗位上工作；

（三）经所在经纪机构考核合格。

第十八条　房地产经纪人执业资格注册，由本人提出申请，经聘用的房地产经纪机构送省、自治区、直辖市房地产管理部门（以下简称省级房地产管理部门）初审合格后，统一报建设部或其授权的部门注册。准予注册的申请人，由建设部或其授权的注册管理机构核发《房地产经纪人注册证》。

第十九条　人事部和各级人事部门对房地产经纪人员执业资格注册和使用情况有检查、监督的责任。

第二十条　房地产经纪人执业资格注册有效期一般为3年，有效期满前3个月，持证者应到原注册管理机构办理再次注册手续。在注册有效期内，变更执业机构者，应当及时办理变更手续。

再次注册者，除符合本规定第十七条规定外，还须提供接受继续教育和参加业务培训的证明。

第二十一条　经注册的房地产经纪人有下列情况之一的，由原注册机构注销注册：

（一）不具有完全民事行为能力；

（二）受刑事处罚；

（三）脱离房地产经纪工作岗位连续2年（含2年）以上；

（四）同时在2个及以上房地产经纪机构进行房地产经纪活动；

（五）严重违反职业道德和经纪行业管理规定。

第二十二条　建设部及省级房地产管理部门，应当定期公布房地产经纪人执业资格的注册和注销情况。

第二十三条　各省级房地产管理部门或其授权的机构负责房地产经纪人协理从业资格注册登记管理工作，每年度房地产经纪人协理从业资格注册登记情况应报建设部备案。

第四章　职　责

第二十四条　房地产经纪人和房地产经纪人协理，在经纪活动中，必须严格遵守法律、法规和行业管理的各项规定，坚持公开、公平、公正的原则，恪守职业道德。

第二十五条　房地产经纪人有权依法发起设立或加入房地产经纪机构，承担房地产经纪机构关键岗位工作，指导房地产经纪人协理进行各种经纪业务，经所在机构授权订立房地产经纪合同等重要业务文书，执业房地产经纪业务并获得合理佣金。

在执行房地产经纪业务时，房地产经纪人员有权要求委托人提供与交易有关的资料，支付因开展房地产经纪活动而发生的成本费用，并有权拒绝执行委托人发出的违法指令。

第二十六条　房地产经纪人协理有权加入房地产经纪机构，协理房地产经纪人处理经纪有关事务并获得合理的报酬。

第二十七条　房地产经纪人和房地产经纪人协理经注册后，只能受聘于一个经纪机构，并以房地产经纪机构的名义从事经纪活动，不得以房地产经纪人或房地产经纪人协理的身份从事经纪活动或在其他经纪机构兼职。

房地产经纪人和房地产经纪人协理必须利用专业知识和职业经验处理或协助处理房地产交易中的细节问题，向委托人披露相关信息，诚实信用，恪守合同，完成委托业务，并为委托人保守商业秘密，充分保障委托人的权益。

房地产经纪人和房地产经纪人协理必须接受职业继续教育，不断提高业务水平。

第二十八条 房地产经纪人的职业技术能力：

（一）具有一定的房地产经济理论和相关经济理论水平，并具有丰富的房地产专业知识；

（二）能够熟练掌握和运用与房地产经纪业务相关的法律、法规和行业管理的各项规定；

（三）熟悉房地产市场的流通环节，具有熟练的实务操作技术和技能；

（四）具有丰富的房地产经纪实践经验和一定资历，熟悉市场行情变化，有较强的创新和开拓能力，能创立和提高企业的品牌；

（五）有一定的外语水平。

第二十九条 房地产经纪人协理的职业技术能力：

（一）了解房地产的法律、法规及有关行业管理的规定；

（二）具有一定的房地产专业知识；

（三）掌握一定的房地产流通程序和实务操作技术及技能。

第五章 附 则

第三十条 本规定发布前已长期从事房地产经纪工作并具有较高理论水平和丰富实践经验的人员，可通过考试认定的办法取得房地产经纪人执业资格，考试认定办法由建设部、人事部另行规定。

第三十一条 通过全国统一考试，取得房地产经纪人执业资格证书的人员，用人单位可根据工作需要聘任经济师职务。

第三十二条 经国家有关部门同意，获准在中华人民共和国境内就业的外籍人员及港、澳、台地区的专业人员，符合本规定要求的，也可报名参加房地产经纪职业资格考试以及申请注册。

第三十三条 房地产经纪人协理从业资格的管理，由省、自治区、直辖市人事厅（局）、房地产管理部门根据国家有关规定，制定具体办法，组织实施。各地所制定的管理办法，分别报人事部、建设部备案。

第三十四条 本规定由人事部、建设部按职责分工负责解释。

第三十五条 本规定自发布之日起施行。

房地产委托出售合同（范本）

委托方：＿＿＿＿＿＿＿＿＿＿＿＿＿（以下简称甲方）

受委托方：××房地产经纪有限公司（以下简称乙方）

根据《中华人民共和国合同法》及有关法律、法规的规定，就甲方委托乙方转让房屋的有关事宜自愿订立以下条款，共同严格遵守。

一、甲方委托乙方出售（甲方有处分权的）＿＿＿＿市＿＿＿＿区＿＿＿＿路＿＿＿＿号＿＿＿＿巷＿＿＿＿幢＿＿＿＿单元＿＿＿＿室，建筑面积＿＿＿＿ m² 的房屋事宜，委托出售的底价约为人民币（大写）＿＿＿＿。

以上房屋房产所有权证编号：＿＿＿＿，国有土地使用权证编号：＿＿＿＿。

其余委托事项：

1. ＿＿＿＿＿＿＿＿＿＿＿＿＿＿＿＿＿＿＿＿＿＿＿＿＿＿＿＿＿＿。

2. ＿＿＿＿＿＿＿＿＿＿＿＿＿＿＿＿＿＿＿＿＿＿＿＿＿＿＿＿＿＿。

3. ＿＿＿＿＿＿＿＿＿＿＿＿＿＿＿＿＿＿＿＿＿＿＿＿＿＿＿＿＿＿。

二、委托期自本合同签订之日起 6 个月有效，期满后需延长委托日期的，甲、乙双方另行签订委托合同。

三、委托期内，乙方以自己的名义处理以下委托事务：

1. 在乙方各经营场所及其业务信息渠道展示甲方委托房屋的信息；

2. 介绍购房意向人看房；

3. 全权代理甲方与购房意向人洽谈转让房地产的所有事项；

4. 与甲方及购房意向人三方共同签订甲方委托上述房地产成交合同；

5. 根据成交合同，乙方代甲方接受购房意向人的购房定金，并在一日内转交甲方。

四、委托期间，甲方应履行以下义务：

1. 甲方保证所提供给乙方的材料合法有效，无其他纠纷；如有经济法律纠纷，由甲方承担；

2. 不得拒绝乙方介绍购房意向人的看房要求，并按规定签核看房单回执；

3. 未经乙方同意，在委托期内不得再委托他人办理上述事务；

4. 在甲、乙方与购房人共同签订成交合同当日，甲方应将上述房屋的产权证［《房屋所有权证》和《国有土地使用权证》（原件）］交付乙方代办有关手续。

五、乙方完成本合同约定委托事务的，在甲方委托的房屋买卖成交（以甲、乙方与购房意向人三方签订的《房屋置换成交合同》为准）当日，甲方应按委托转让房地产成交价_____%的比例支付服务费给乙方。

六、乙方代办上述房屋买卖手续所涉及甲方的有关税费由甲方承担。

七、甲方撤销委托应以书面形式，挂号邮寄通知乙方，乙方收到通知之日起第7天，本合同终止。合同终止后60天内，上述房屋买卖由甲方自行成交的，且房屋买受人或其同住人系乙方在本合同期内介绍察看过上述房屋的购房意向人，甲方应支付乙方本合同约定的服务费。

八、合同期内，甲方未经乙方同意将上述事务再委托他人或撤销委托的，应支付委托价格_____%的违约金。

九、甲方对所委托房屋转让的合法性负法律和经济责任。由于甲方的原因造成买受人经济损失的，甲方应负全额赔偿责任。

十、乙方超越本合同约定的委托权限而造成甲方损失的，乙方承担相应的法律及经济责任。

十一、双方约定的其他事项：

十二、本合同条款空格部分书写与铅印文字具有同等效力。

十三、本合同自双方签章后即行生效。本合同一式两份，双方各执一份。

委托方（签字）：_____　　受托方：××房地产经纪有限公司

身份证号：_____　　授权代表签字盖章：_____

通信地址：_____　　通信地址：_____

联系电话：_____　　联系电话：_____

　　　　　　　　　　　　　　签订地址：_____

　　　　　　　　　　　　　　签订日期：____年____月____日

承诺书（买方）

No. _____

　　[本人]　[本公司] _____（[身份证] [护照] [营业执照] 号码_____）经××经纪公司介绍位于广州市_____之物业（下称"该物业"），现委托××经纪协助本人/本公司购买该物业。本人/本公司郑重承诺如下：

　　一、对该物业交易的承诺：

　　1. 面积：_____ m²（以《房地产权证》为准）。

　　2. 售价：人民币_____元（RMB￥____元）或以下，此价格包括业主自买入该物业后至承诺书签订之前已产生之一切费用（包括维修基金、燃气管道、电话、有线电视初装费、装修费用等等）。

　　3. 交房状况：_____。

　　4. 付款方式：_____。

　　5. 税费：_____。

　　6. 交易日期：[____ 年 ____ 月 ____ 日之前签署《房屋买卖合同》] [_____]。

　　7. 中介代理费及咨询费：本人/本公司同意向××经纪支付中介代理费及咨询费：人民币____元。

　　二、在签订本承诺书时，本人/本公司同意向××经纪支付人民币____元（RMB￥____元）作为购买该物业之诚意金。在交付诚意金前，本人/本公司已实地勘察过该物业，对该物业的朝向、面积、间隔、质量、装修、产权情况等均予以认可。

　　三、如该物业所有人同意本承诺书第一条约定的条件出售该物业，则本人/本公司即确认成交，同时承诺办理与该物业买卖交易有关的各项手续和程序等，且同意××经纪公司无需本人/本公司另行指示，即可将诚意金即时转为定金交给该物业所有权人。如该物业所有权人拒收××经纪公司代为转交的定金，××经纪公司需于＿＿＿＿日内将上述款项无息退回给本人/本公司。

四、本人/本公司保证在该物业买卖交易中所提供的有关资料是真实的、合法的、准确的、完整的，否则愿意承担由此产生的所有法律责任和违约责任。

五、若本人/本公司在××经纪公司代为转交定金给该物业所有权人后逾期或违反本承诺书之约定时，则承担违约责任，即所付定金不要求返还，且承诺向××经纪公司支付上述中介代理费及咨询费作为违约金。

六、在签署本承诺书后，本人/本公司或授权代理人保证不会与其他中介公司或第三人签订代理协议；不会与该物业的所有权人或其亲属、授权人或代理人私下进行交易；不会利用××经纪公司提供的信息、条件通过第三方成交该物业。否则，本人/本公司仍需向××经纪公司支付上述中介代理费及咨询费，且上述行为一经发生，××置业即可追究本人/本公司之违约责任。

七、若该物业所有权人收取定金后逾期履行或有其他违反该物业买卖交易的行为，则视为违约，应承担违约责任即双倍返还定金。如该物业所有权人双倍返还定金，则本人/本公司承诺支付定金一半的金额给××经纪公司，作为其对该物业买卖交易的报酬。

八、本人/本公司完全知悉并不反对××经纪公司或会同时向该物业所有权人收取中介代理费及咨询费。

九、本承诺书经签署后生效。因本协议引起的或与本协议有关的任何争议，均提请广州市仲裁委员会按照该会仲裁规则进行仲裁。

十、其他事项：

＿＿

＿＿

委　托　人：＿＿＿＿＿＿＿＿＿　　联系电话：＿＿＿＿＿＿＿＿＿

通信地址：＿＿＿＿＿＿＿＿＿　　日　　　期：＿＿＿＿年＿＿＿＿月＿＿＿＿日

代理公司签署及盖章：

房屋买卖合同（三方合同）

出卖方：（以下简称甲方）　　　买受方：（以下简称乙方）

　　姓名：＿＿＿＿＿＿＿＿＿　　　姓名：＿＿＿＿＿＿＿＿＿

　　身份证号：＿＿＿＿＿＿＿　　　身份证号：＿＿＿＿＿＿＿

　　联系电话：＿＿＿＿＿＿＿　　　联系电话：＿＿＿＿＿＿＿

　　地址：＿＿＿＿＿＿＿＿＿　　　地址：＿＿＿＿＿＿＿＿＿

　　丙方（居间方）：××房地产经纪有限公司＿＿＿＿＿

　　地　　址：＿＿＿＿＿＿＿＿＿＿＿＿＿＿＿＿＿

　　资质证号：＿＿＿＿＿＿＿＿＿＿＿＿＿＿＿＿＿

　　联系电话：＿＿＿＿＿＿＿＿＿＿＿＿＿＿＿＿＿

　　甲、乙双方经丙方居间，本着平等、互利、自愿的原则，就乙方购买甲方共有房屋事宜，订立本《房屋买卖合同》（以下简称《买卖合同》），并在丙方见证下共同遵守。

[第一条]　　房产基本状况：

　　甲方自愿将其所有房产即坐落于＿＿＿＿＿＿＿＿院落及房屋（以下简称该房屋）出售给乙方，建筑面积＿＿＿＿＿＿ m^2，房屋所有权证号：＿＿＿＿，共有权号：＿＿＿＿。

　　该房屋权属性质为：私产

　　乙方对该房屋情况已充分了解。

[第二条]　　出售价格：

　　甲、乙双方同意该房屋的成交价格为人民币＿＿＿＿＿＿元（大写：

_____元整），此款为甲方净得价款。

[**第三条**]　共同约定

甲、乙双方同意共同委托丙方作为交易居间人代为办理交易相关手续，委托期限自本合同签订之日起至该房产过户登记手续办理完毕，甲方拿到全部房款之日止。

[**第四条**]　佣金及其他费用的约定：

一、丙方提供的居间服务的佣金和过户费由_____方承担，总金额为人民币_____元（大写：_____元整），上述佣金及过户费，甲、乙双方应于本合同签订之日向丙方支付。

二、甲方取得该房屋所占土地的国有土地使用权证书所应缴纳的测绘费由_____方负担。

三、甲、乙双方约定在房屋买卖过户过程中，所有税费、手续费由____方负担，丙方协助办理，以后由此发生的一切问题与丙方无关。

[**第五条**]　付款方式：

一、签订本合同之日，乙方向甲方支付房产成交价的10%，即人民币_____元（大写：_____元整）作为定金，甲方应向乙方出具收据，丙方作为居间方见证签字，该定金在甲、乙办理该房屋产权过户之日即抵作购房款。

二、甲、乙双方在房地产交易中心办理该房屋产权过户登记当日，乙方将剩余购房款即人民币_____元（大写：_____元整）划拨至甲方指定账户。

[**第六条**]　房屋交验：

一、甲、乙双方协商，该房屋交验前所发生的水费、电费及其他风险由甲方承担，该房屋交验后发生的各种费用及风险由乙方承担。

二、甲、乙双方协商，该房屋交验日期为甲、乙双方在房地产交易中心办理完过户手续之日，即乙方取得乙方名下上述房屋产权证领证通知单之日。且在该日甲方应将房屋钥匙交付与乙方，乙方自收到该房屋钥匙之日起承担在该日之后发生的各项费用。

三、甲方在取得上述尾款时，应向乙方出示户口迁出证明及该房屋水、电费用结清的单据，如甲方无法出示上述结清单据，则乙方有权在上述尾款中扣除人民币_____元（大写_____元整）作为费用，由丙方保存，待甲方结清所有欠费后一次交付给甲方，甲方有义务按照相关单据结清各项费用，多退少补。

四、办理房屋过户变更登记的期限为自本协议签订之日至____年____月____日止。在甲方领到国有土地使用证后，10个工作日内，甲、乙、丙三方办理房屋过户变更登记。

[**第七条**]　甲方责任：

一、甲方须保证该房屋权属为其所有且无任何权属争议，该房屋的权属证书应当齐全。甲方应在签订《买卖合同》当天将该房屋有关资料交给丙方作为办理交易过户手续之用。

二、甲方保证乙方所购上述房屋产权清晰、不存在任何产权纠纷，确保乙方所购上述房屋在交易过程中该房屋共有权人或共同居住人同意出售该房屋并对本《房屋买卖居间合同》予以认可，否则甲方应承担相应的违约责任。

三、甲方在办理过户手续之前，必须将租赁户腾退。

四、甲方保证该房屋不存在抵押等其他权属瑕疵，否则应承担相应的违约责任。

五、甲方需积极配合乙方及丙方办理全程过户手续，如因故不能前往，需在2日内通知丙方，否则因甲方原因延误过户期限视为甲方违约，并向乙方承担违约责任，赔偿损失。

[第八条]　乙方责任：

一、乙方保证在交易过程中应支付给甲方的款项按以上规定期限支付，若到期未支付，视为乙方违约，并向甲方承担违约责任。

二、乙方需积极配合甲方及丙方办理全程过户手续，如因故不能前往，需在2日内通知丙方，否则因乙方原因延误过户期限视为乙方违约，并向甲方承担违约责任，赔偿损失。

[第九条]　丙方责任：

一、见证本合同并保管其中一份。

二、代办相关过户及房屋交验手续等。

三、对该房屋交易全过程有见证及协调的义务。

四、在签订《买卖合同》前，丙方有义务向甲乙双方告知国家相关部门所执行的政策、制度及税费标准，如在房屋交易过程中以上标准有变化，合同各方均有义务按照最新标准来执行合同，不得以此为理由拒绝或延误执行《买卖合同》。

[第十条]　违约责任：

一、自乙方向甲方交付定金之日起，甲方不得将上述房屋出售予第三方，否则甲方应向乙方双倍返还定金。

二、如果甲方未按合同第六条第四款的约定期限办理房屋过户变更手续，则甲方应向乙方双倍返还定金。

三、如果由于所售房产的权属纠纷而导致该房屋交易无法进行，则甲方应向乙方双倍返还定金。

四、本合同签订之日起，在甲方未发生违约的前提下，乙方因任何原因提出终止本合同，均视为乙方违约，则甲方收取的定金不予退还，丙方已收取的居间服务佣金不予退还。

五、本合同各方如未按照约定期限履行付款义务的，每逾期一日付款方应向收款方支付逾期款项万分之四的违约金，并继续履行原付款义务。

六、若因甲、乙任意一方违约而导致《买卖合同》无法履行，违约方仍应向丙方支付本合同第四条所规定的佣金及交易过程中实际发生的费用，同时，守约方应支付的各项费用也由违约方支付，上述费用违约方应在接到丙方书面通知后3个工作日内付清。

［第十一条］ 免责条件：

因自然灾害、政府重大政策调整等不可抗力而导致本合同无法履行，本合同三方均不承担违约责任。但甲方应退还乙方已支付的定金及房款。

［第十二条］ 争议的解决方式：

本合同履行过程中如产生争议，三方应协商解决；协商不成的，三方均可向该房屋所在地的人民法院提起诉讼。

［第十三条］ 生效及其他：

一、甲、乙双方就《买卖合同》条款的未尽事宜，可协商签订《补充协议》，《补充协议》为《买卖合同》的附件，具有同等法律效力。甲、乙双方自行协商的条款，丙方仅负责见证（三方另有约定的除外）。

二、房地产交易部门、房地产开发部门、银行、政府相关部门对外承诺的工作日和丙方无关，丙方只是负责按照以上部门的有关规定协助甲、乙双方办理相关手续。

三、本《房屋买卖合同》一式三份，自甲、乙、丙三方签字或盖章之日起生效，三方各执一份为凭。

［第十四条］ 补充协议

_____

_____

_____

_____

甲方签字：　　　　　　　　　　　　　乙方签字：

代理人签字：　　　　　　　　　　　　代理人签字：

____年____月____日　　　　　　　____年____月____日

丙方经办人签字：

____年____月____日

每万元（等额本息）商业
贷款月供还款金额表

每万元（等额本息）商业贷款月供还款金额表

2008－12－23 个人住房商业贷款优惠利率［4.16%］

每万元（等额本息）还款金额表

年份	年利率（%）	月利率（‰）	月还款额（元）	总还款额（元）
6个月	3.40	到期一次还本付息		10170.10
1	3.72			10371.70
2	3.78	3.15	433.27	10398.50
3	3.78	3.15	294.26	10593.44
4	4.03	3.36	225.93	10844.82
5	4.03	3.36	184.31	11058.58
6	4.16	3.47	157.17	11316.44
7	4.16	3.47	137.42	11542.99
8	4.16	3.47	122.63	11772.39
9	4.16	3.47	111.15	12004.64
10	4.16	3.47	102.00	12239.73
11	4.16	3.47	94.53	12477.64
12	4.16	3.47	88.32	12718.37
13	4.16	3.47	83.09	12961.91
14	4.16	3.47	78.62	13208.24
15	4.16	3.47	74.76	13457.35
16	4.16	3.47	71.40	13709.23
17	4.16	3.47	68.45	13963.86
18	4.16	3.47	65.84	14221.23
19	4.16	3.47	63.51	14481.32
20	4.16	3.47	61.43	14744.12

2008－12－23 个人住房商业贷款优惠利率［4.16%］

每万元（等额本息）还款金额表

年份	年利率（%）	月利率（‰）	月还款额（元）	总还款额（元）
21	4.16	3.47	59.56	15009.60
22	4.16	3.47	57.87	15277.74
23	4.16	3.47	56.34	15548.54
24	4.16	3.47	54.94	15821.96
25	4.16	3.47	53.66	16098.00
26	4.16	3.47	52.49	16376.61
27	4.16	3.47	51.41	16657.79
28	4.16	3.47	50.42	16941.51
29	4.16	3.47	49.51	17227.75
30	4.16	3.47	48.66	17516.48

承诺书（承租方）

No. _____

　　［本人］［本公司］_____（［身份证］［护照］［营业执照］号码
_____）经××公司介绍位于广州市_____之物业（下称"该物业"），
现委托××公司协助本人/本公司承租该物业。本人/本公司郑重承诺如下：

　　一、对该物业交易的承诺：

　　1. 面　积：_____ m² （以《房地产权证》/《商品房买卖合同》为准）。

　　2. 租　金：人民币_____元（RMB ¥_____元）/月或以下；

　　保证金：人民币_____元（RMB ¥_____元）。

　　3. 租　期：_____。

　　4. 交租方式：_____。

　　5. 交房状况：_____。

　　6. 交易日期：［_____年__月__日之前签署《房地产租赁合同》］
［_____］

　　7. 中介代理费及咨询费：本人/本公司同意向××公司支付中介代理费及咨
询费：人民币_____元。

　　二、在签订本承诺书时，本人/本公司同意向××公司支付人民币_____元
（RMB ¥_____元）作为承租该物业之诚意金。在交付诚意金前，本人/本公司已
实地勘察过该物业，对该物业的朝向、面积、间隔、质量、装修、产权情况等均
予以认可。

　　三、如该物业所有人同意本承诺书第一条约定的条件出租该物业，则本人/本
公司即确认成交，同时承诺按约定办理与该物业租赁交易有关的各项手续和程序

等，且同意××公司无需本人/本公司另行指示，即可将诚意金即时转为定金交给该物业所有权人。如该物业所有权人拒收××公司代为转交的定金，由××公司需于_____日内将上述款项无息退回给本人/本公司。

四、本人/本公司保证在该物业租赁交易中所提供的有关资料是真实的、合法的、准确的、完整的，否则愿意承担由此产生的所有法律责任和违约责任。

五、若本人/本公司在××公司代为转交定金给该物业所有权人后逾期或违反本承诺书之约定时，则承担违约责任，即所付定金不要求返还，且承诺向××公司支付上述中介代理费及咨询费作为违约金。

六、在签署本承诺书后，本人/本公司或授权代理人保证不会与其他中介公司或第三人签订代理协议；不会与该物业的所有权人或其亲属、授权人或代理人私下进行交易；不会利用××公司提供的信息、条件通过第三方承租该物业。否则，本人/本公司仍需向××公司支付上述中介代理费及咨询费，且上述行为一经发生，××公司即可追究本人/本公司之违约责任。

七、若该物业所有权人收取定金后逾期履行或有其他违反该物业租赁交易的行为，则视为违约，应承担违约责任即双倍返还定金。如该物业所有权人双倍返还定金，则本人/本公司承诺支付定金一半的金额给××公司，作为其对该物业租赁交易的报酬。

八、本人/本公司完全知悉并不反对××公司或会同时向该物业所有权人收取中介代理费及咨询费。

九、本承诺书经签署后生效。因本协议引起的或与本协议有关的任何争议，均提请广州市仲裁委员会按照该会仲裁规则进行仲裁。

十、其他事项：

_____

_____

委 托 人：_____ 联系电话：_____

通信地址：_____ 日　期：　　年　月　日

代理公司签署及盖章：

房屋租赁合同
（三方合同，样本）

出租人（以下简称甲方）：＿＿＿＿＿＿＿＿　身份证号：＿＿＿＿＿＿＿＿

承租人（以下简称乙方）：＿＿＿＿＿＿＿＿　身份证号：＿＿＿＿＿＿＿＿

居间方（以下简称丙方）：＿＿＿＿＿＿＿＿公司

根据国家有关法律法规和本市有关规定，经丙方居间，甲、乙双方在自愿、平等、诚信的基础上，就甲方将其合法拥有的房屋出租给乙方使用，乙方承租使用甲方房屋事宜订立本合同。

一、房屋位置及权属基本情况

1. 甲方自愿将其合法拥有的坐落于＿＿＿＿＿的房屋出租给乙方使用。该房屋建筑面积共＿＿＿＿ ㎡，房产性质＿＿＿＿，证号为＿＿＿＿。该房屋抵押情况：＿＿＿＿。

2. 房屋附属设施及水电气表读数

水表：＿＿＿＿，电表：＿＿＿＿，气表：＿＿＿＿。

二、租赁用途

1. 乙方租赁该房屋作为＿＿＿＿使用。

2. 在租赁期限内，未事前征得甲方同意，乙方不得擅自改变该房屋的使用用途。

三、租赁期限

1. 该房屋租赁期为＿＿＿个月，自＿＿＿＿年＿＿＿月＿＿＿日起，至＿＿＿＿年＿＿＿月＿＿＿日止。

2. 租赁期满，甲方有权收回全部出租房屋，乙方应如期交还。乙方如要求续租，则必须在租赁期满前的 1 个月向甲方提出，甲方在同等条件下应优先考虑乙方的续租要求。

四、租金及支付方式

1. 该房屋的月租金为人民币_____元，大写_____；年租金为人民币_____元，大写_____；总租金为人民币_____元，大写_____。

2. 双方约定租金支付方式为_____。

五、其他费用

1. 乙方在租赁期内实际使用的水费，电费，燃气费，电话费，宽带费，有线电视费，物管费（含公摊费用）_____应由乙方自行承担，并按单如期缴纳。

2. 若需要电话及宽带，可由甲方代为申请，费用由乙方承担。

六、甲方的权利与义务

1. 该房屋及附属设施所有权属甲方所有，若是乙方后来因需要添加的设施，不属甲方所有。

2. 甲方需按时将房屋及附属设施交付乙方使用。

3. 甲方应负责对房屋和设施进行维修保养（需提前 15 天通知乙方）。

4. 甲方应保证所出租房屋权属清楚，无任何债务纠纷；房屋共有人对出租该房屋完全同意，并同意由甲方全权处理。

5. 在甲方将房屋交给乙方使用之前，应确保房屋内的电器及所提供的各种设施性能完好。

6. 租赁期间，甲方如将房屋所有权转移给第三人，必须提前三个月通知乙方。转移给第三人后，该第三人成为本合同的当然甲方，并拥有原甲方的权利及义务（合同另有约定除外）。

七、乙方的权利与义务

1. 乙方有权在租赁期限内使用该房屋，但不得损坏房屋及附属设施。

2. 乙方在承租期限内若损坏房屋结构及附属设施，应负责照价赔偿。但因自然损坏或不可抗力因素造成损坏，乙方不承担责任。

3. 乙方在租赁期内保证在该租赁房屋内的所有活动均能合乎中国的法律及该地点管理规定，不做任何违法之行为。

4. 乙方应按合同的规定，按时支付租金及其他各项费用。

5. 未经甲方同意，乙方不能改变租赁房屋的结构装修，乙方不得转租房屋。

八、租赁期满后，甲乙双方需清点屋内设施，房屋内有乙方增设的附属设施，乙方自行拆除带走，并将房屋恢复原样。

九、押金及违约金

1. 甲、乙双方同意本合同的押金（保证金）为人民币＿＿＿＿＿元，大写＿＿＿＿＿＿，在本合同到期时，房屋无损坏且各项费用结清后3日内退还给乙方。

2. 甲、乙双方如有特殊情况需提前终止合同，必须提前3个月通知对方，需双方同意后，方可办理退房手续。若甲方违约，除退还给乙方保证金外，还需支付给乙方上述金额的违约金；反之，若乙方违约，则甲方有权不退还保证金。

3. 如遇不可抗拒因素中止合同，甲、乙双方互不承担违约责任，租金及费用按实计算，多退少补。

4. 凡在执行本合同或与本合同有关的事情时双方发生争议，应首先友好协商，协商不成，可向房屋所在地人民法院提起诉讼。

十、其他条款

1. 中介信息服务费
（1）合同签订之日，甲方按本合同月租金的50%，一次性向丙方支付中介信息服务费，即人民币＿＿＿＿＿元，大写＿＿＿＿＿。
（2）合同签订之日，乙方按本合同月租金的50%，一次性向丙方支付中介信息服务费，即人民币＿＿＿＿＿元，大写＿＿＿＿＿。

2. 本合同未尽事宜，经双方协商一致，可订立补充条款，本合同及其补充条款和附件设备清单内空格部分填写的文字与打印文字具有同等效力。

3. 本合同一式三份，均具有同等效力。甲、乙、丙各执一份，签字生效。

甲　方：　　　　　乙　方：　　　　　丙　方：
经办人：　　　　　经办人：　　　　　经办人：
电　话：　　　　　电　话：　　　　　电　话：
签约日期：　　年　　月　　日

附录7——房屋租赁合同（三方合同，样本）

广州市商品房买卖合同

广州市国土资源和房屋管理局、广州市工商局监制

商品房买卖合同说明

1. 签约之前，买受人应当仔细阅读本合同全部条款，与出卖人充分协商，对合同条款及用词理解不一致的，应当协商达成一致意见，必要时可在合同中对其进行明确约定。合同生效后，双方因合同条款及用词理解不一致等发生合同纠纷，不能通过协商解决的，可以遵循合同约定的争议解决途径依法向人民法院或向仲裁机构申请仲裁。

2. 本合同为示范文本，为体现合同双方的自愿原则，本合同文本中相关条款后都有空白行，供双方自行约定或补充约定。双方当事人可以对文本条款的内容进行修改、增补或删减。合同签订后，未被修改的文本印刷文字视为双方同意内容。

3. 对合同文本【】中选择内容、空格部位填写及其他需要删除或添加的内容，双方应当协商确定。

4. 在签订合同前，出卖人应当向买受人出示应当由出卖人提供的有关证书、证明文件。

5. 如果本合同用于预售，则应当自签订暨网上备案之日起 10 日内将本合同送房地产交易登记机构办理预售备案确认手续。

6. 出卖人和买受人应当遵守本合同第六条、第七条的约定；所有预售房款必须按照《商品房预售款缴款通知书》支付到《商品房预售许可证》指定的预售款监控账户上。

7. 为便于政府管理部门通知商品房买卖过程中可能发生的各种事项，建议买受人填写以下两栏内容：

移动电话号码：＿＿＿＿＿＿＿＿　　电子邮箱地址：＿＿＿＿＿＿＿＿

8. 本合同说明部分，买受人确认已经阅读，并签名：＿＿＿＿＿＿＿＿

商品房买卖合同

合同当事人：＿＿＿＿＿＿＿＿＿＿＿＿＿＿＿＿＿＿＿＿＿＿＿＿＿＿＿＿＿

甲方（卖方）：＿＿＿＿＿＿＿＿＿＿＿＿＿＿＿＿＿＿＿＿＿＿＿＿＿＿＿

注册地址：＿＿＿＿＿＿＿＿＿＿＿＿＿＿＿＿＿＿＿＿＿＿＿＿＿＿＿＿＿＿

营业执照号码：＿＿＿＿＿＿＿＿＿＿＿　资质证书号码：＿＿＿＿＿＿＿＿＿

法定代表人：＿＿＿＿＿＿＿＿＿＿＿　联系电话：＿＿＿＿＿＿＿＿＿＿＿

通信地址：＿＿＿＿＿＿＿＿＿＿＿＿＿＿＿＿＿＿＿＿＿＿＿＿＿＿＿＿＿＿

邮　　编：＿＿＿＿＿＿＿＿＿＿＿＿＿＿＿＿＿＿＿＿＿＿＿＿＿＿＿＿＿＿

委托代理机构：＿＿＿＿＿＿＿＿＿＿＿＿＿＿＿＿＿＿＿＿＿＿＿＿＿＿＿

注册地址：＿＿＿＿＿＿＿＿＿＿＿＿＿＿＿＿＿＿＿＿＿＿＿＿＿＿＿＿＿＿

营业执照号码：＿＿＿＿＿＿＿＿＿＿＿　资质证书号码：＿＿＿＿＿＿＿＿＿

法定代表人：＿＿＿＿＿＿＿＿＿＿＿　联系电话：＿＿＿＿＿＿＿＿＿＿＿

通信地址：＿＿＿＿＿＿＿＿＿＿＿＿＿＿＿＿＿＿＿＿＿＿＿＿＿＿＿＿＿＿

邮　　编：＿＿＿＿＿＿＿＿＿＿＿＿＿＿＿＿＿＿＿＿＿＿＿＿＿＿＿＿＿＿

乙方（买方）：＿＿＿＿＿＿＿＿＿＿＿＿＿＿＿＿＿＿＿＿＿＿＿＿＿＿＿

住所（址）：＿＿＿＿＿＿＿＿＿＿＿＿＿＿＿＿＿＿＿＿＿＿＿＿＿＿＿＿

国籍：＿＿＿＿＿＿　性别：＿＿＿＿＿　出生年月：＿＿＿＿＿＿身份证/护照/

营业执照号码：＿＿＿＿＿＿＿＿＿＿＿＿＿＿＿＿＿＿＿＿＿＿＿＿＿＿＿＿

通信地址：＿＿＿＿＿＿＿＿＿＿＿＿＿＿＿＿＿＿＿＿＿＿＿＿＿＿＿＿＿＿

邮　　编：＿＿＿＿＿＿＿＿＿＿＿＿＿　联系电话：＿＿＿＿＿＿＿＿＿＿＿

委托代理人姓名：＿＿＿＿＿＿＿＿＿＿　国籍：＿＿＿＿＿＿＿＿＿＿＿＿

住所（址）：＿＿＿＿＿＿＿＿＿＿＿＿＿＿＿＿＿＿＿＿＿＿＿＿＿＿＿＿

身份证：＿＿＿＿＿＿＿＿＿＿＿＿＿＿＿＿＿＿＿＿＿＿＿＿＿＿＿＿＿＿＿

通信地址：＿＿＿＿＿＿＿＿＿＿＿＿＿＿＿＿＿＿＿＿＿＿＿＿＿＿＿＿＿＿

邮　　编：＿＿＿＿＿＿＿＿＿＿＿＿＿　联系电话：＿＿＿＿＿＿＿＿＿＿＿

委托代理机构：＿＿＿＿＿＿＿＿＿＿＿＿＿＿＿＿＿＿＿＿＿＿＿＿＿＿＿

注册地址：＿＿＿＿＿＿＿＿＿＿＿＿＿＿＿＿＿＿＿＿＿＿＿＿＿＿＿＿＿＿

营业执照号码：＿＿＿＿＿＿＿＿＿＿＿　资质证书号码：＿＿＿＿＿＿＿＿＿

法定代表人：＿＿＿＿＿＿＿＿＿＿＿　联系电话：＿＿＿＿＿＿＿＿＿＿＿

通信地址：＿＿＿＿＿＿＿＿＿＿＿＿＿＿＿＿＿＿＿＿＿＿＿＿＿＿＿＿＿＿

邮　　编：＿＿＿＿＿＿＿＿＿＿＿＿＿＿＿＿＿＿＿＿＿＿＿＿＿＿＿＿＿＿

第一条　项目建设依据

甲方以＿＿＿＿方式取得位于编号为＿＿＿＿＿的地块的土地使用权，面积＿＿＿＿平方米，规划用途为＿＿＿＿＿，土地使用权年限自＿＿＿＿年＿＿月＿＿日至＿＿＿年

____月____日止。

甲方经批准，在该地块上投资建设_____商品房（填写《商品房预售许可证》记载的项目名称）。该项目的有关批文如下：

1.《建设工程规划许可证》颁发机关：_____；编号：_____；

2.《国有土地使用权证》颁发机关：广州市国土资源和房屋管理局；编号：_____；

3.《建设工程施工许可证》颁发机关：_____；编号：_____。

第二条 商品房销售

依据乙方购买的商品房为【现房】【预售商品房】。

1. 该商品房作为现房，已办理权属登记，登记机关为_____；并领取【房地产权属证明书】或【房地产权证】，编号为_____。

2. 该商品房作为在建商品房，已具备《广东省商品房预售管理条例》规定的预售条件，已取得《商品房预售许可证》，编号为：_____；核发机关为广州市国土资源和房屋管理局。

第三条 合同标的物基本情况

乙方所购商品房为本合同第一条规定的项目中的第____【幢】____【梯】____【座】____【单元】____【层】____号房（下称该商品房），测绘地址：____区____路____号____房。

该商品房所在楼宇的主体结构为____结构；建筑物地上层数为____层，地下层数为____层。

该商品房的用途为____，层高为____米。该商品房户型结构为____房____厅____厨____卫，封闭式阳台____个，非封闭式阳台____个。

该商品房【合同约定】（适用于预售）【产权登记】（适用于现售）建筑面积共____平方米，其中，套内建筑面积____平方米，公共部位与共用房屋分摊建筑面积____平方米。

该商品房面积预测算单位：_____

注册地址：_____

营业执照号码：_____   资质证书号码：_____

法定代表人：_____   联系电话：_____

通信地址：_____

邮编：_____

第四条 物业管理

物业管理区域业主大会选聘物业管理公司之前，小区（大厦）物业管理服务由甲方选聘物业管理公司提供。甲方应采取符合国务院《物业管理条例》规定的方式和条件选聘物业管理公司，甲方与选聘的物业管理公司签订书面的《前期物业管理服务合同》。

甲方应制定《业主临时公约》向乙方明示并予以说明，乙方在签订本合同时，对遵守《业主临时公约》作出书面承诺。

第五条　基本术语的含义

双方同意，合同中出现的基本术语作如下理解：

1. 首层：本合同所指首层以经规划管理部门批准的设计图纸的标注为准。

2. 建筑面积：房屋外墙（柱）勒脚以上各层的外围水平投影面积，包括阳台、挑廊、地下室、室外楼梯等，且具备上盖，结构牢固，层高 2.20 米以上（含 2.20 米）的永久性建筑。

3. 套内建筑面积：套内使用面积、套内墙体面积与套内阳台建筑面积之和。

4. 层高：是指地面至楼面或楼面至楼面、楼面至瓦底之间的垂直距离。计算建筑面积的房屋结构，层高均应在 2.20 米以上（含 2.20 米）。

5. 共有建筑面积：整栋建筑物的建筑面积扣除整栋建筑物各套（单元）套内建筑面积之和，并扣除已作为独立使用的地下室、车棚、车库、为多幢服务的警卫室、管理用房以及人防工程等建筑面积，即为整栋建筑的共有建筑面积，其内容包括：

（1）电梯井、管道井、楼梯间、垃圾道、变电室、设备间、公共门厅和过道、地下室、值班警卫室以及为整栋服务的公共用房和管理用房的建筑面积，以水平投影面积计算；

（2）套（单元）与公共建筑之间的分隔墙以及外墙（包括山墙）水平投影面积一半的建筑面积。

6. 已支付房价款：以按揭贷款购房的，该款项不限于乙方自行支付的首期价款，还包括以贷款向甲方支付的款项。

7. _____。

8. _____。

第六条　计价方式、价款、付款

甲方与乙方约定按下述第_____种方式计算该商品房价款：

1. 该商品房属【现售】【预售】，按套内建筑面积计价，该商品房单价为（___币）每平方米____元，总金额（___币）____元（大写：____亿____仟____佰____拾____万____仟____佰____拾____元整）。

公共部位与共用房屋分摊建筑面积的建设费用已分摊计入上述套内建筑面积销售单价内，不再另行计价。

2. 商品房属【现售】【预售】，按【套】【整层】【整幢】出售并计价，总金额（___币）____元（大写：____亿____仟____佰____拾____万____仟____佰____拾____元整）。

甲方同意乙方按下列第_____种方式按期付款：

（1）一次性付款

总金额（___币）____元（大写：____亿____仟____佰____拾____万____仟____佰____拾____元整）。在___年___月___日前支付。

（2）分期付款

1）第一期：自本预售合同签订暨网上备案之日起____日内（不超过 5 日），支付全部房价款的____%，总金额（____币）____元（大写：____亿____仟____佰____拾____万____仟____佰____拾____元整）。

2）第二期：在____年____月____日前支付全部房价款的____%，总金额（____币）____元（大写：____亿____仟____佰____拾____万____仟____佰____拾____元整）。

3）第三期：在____年____月____日前支付全部房价款的____%，总金额（____币）____元（大写：____亿____仟____佰____拾____万____仟____佰____拾____元整）。

4）第四期：在____年____月____日前内支付全部房价款的____%，总金额（____币）____元（大写：____亿____仟____佰____拾____万____仟____佰____拾____元整）。

5）第五期：在____年____月____日前支付全部房价款的____%，总金额（____币）____元（大写：____亿____仟____佰____拾____万____仟____佰____拾____元整）。

（3）**按揭贷款方式付款首期款**

自本预售合同签订暨网上备案之日起____日内（不超过 5 日），支付全部房价款的____%，总金额（____币）____元（大写：____亿____仟____佰____拾____万____仟____佰____拾____元整）。

除首期款外，剩余楼款金额（____币）____元（大写：____亿____仟____佰____拾____万____仟____佰____拾____元整）。

该款须于____年____月____日前申请办理银行按揭手续，并按照按揭方式付款。

按揭银行：_____

委托代理人：_____

注册地址：_____ 营业执照号码：_____

资质证书号码：_____

法定代表人：_____ 联系电话：_____

通信地址：_____ 邮编：_____

1）**甲方代理乙方办理按揭手续**

乙方在签订本合同并支付首期款后____日内，将申请银行按揭贷款需由乙方提供的证件资料交付甲方或甲方指定的第三人。

2）**乙方自行办理按揭贷款手续**

甲方应在乙方支付首期款后____日内，将乙方申请银行按揭贷款需由甲方提供的证件资料交付乙方或乙方指定的第三人。

（4）**其他方式**

第七条 付款方式

甲乙双方同意乙方支付的预售款应"专款专用"于工程建设，在工程竣工前不得用于其他用途。

为保证预售款专用于工程建设，乙方应将商品房预售款按照《广东省商品房预售管理条例》的规定支付至以下商品房预售款监控账号，接受广州市国土资源和房屋管理局的监控。

监控银行：_____；

监控账号：_____。

第八条 备案确认

【甲方】【乙方】应于本合同网上备案之日起 10 个工作日内持本合同向广州市房地产登记机构申请办理网上备案的确认手续。

第九条 逾期付款的违约责任

1. 分期付款

分期付款的，如果乙方未能按照本合同第六条约定的支付期限将各期房款支付至监控账号，甲方有权要求乙方按每日房价款总额 0.5‰的标准支付违约金，并有权解除合同。

2. 一次性付款

一次性付款的，如果乙方未能按照本合同第六条约定的支付期限将全部房款支付至监控账号，甲方有权要求乙方按每日房价款总额 0.5‰的标准支付违约金，并有权解除合同。

3. 按揭付款

乙方以按揭方式购房的，首期款应当按照本合同第六条约定的支付期限支付至监控账号；如果乙方未能按照约定期限将首期款支付至监控账号，甲方有权要求乙方按每日房价款总额 0.5‰的标准支付违约金，并有权解除合同。

关于按揭款，甲方代理乙方办理按揭手续的，甲方应在登记机构发出《抵押备案证明书》之日起 5 个工作日（适用于商业贷款场合）或 30 日（适用于住房公积金贷款场合）内将银行按揭款支付至上述监控账户。如果甲方未能在 5 个工作日（适用于商业贷款场合）或 30 日（适用于住房公积金贷款场合）内将银行按揭款支付至上述监控账户，乙方有权要求甲方按每日房价款总额 0.5‰的标准支付违约金，直至甲方将全部按揭款项支付至上述监控账户。

乙方自行办理按揭贷款手续的，乙方应在登记机构发出《抵押备案证明书》之日起 5 个工作日（适用于商业贷款场合）或 30 日（适用于住房公积金贷款场合）内将银行按揭款支付至上述监控账户。如果乙方未能在 5 个工作日（适用于商业贷款场合）或 30 日（适用于住房公积金贷款场合）内将银行按揭款支付至上述监控账户，按照逾期付款处理。

第十条 交房期限

甲方应当在____年____月____日前将作为本合同标的物的房屋交付乙方使用。

因不可抗力或者当事人在合同中约定的其他原因，需延期交付使用的，甲方应当及时书面告知乙方。

交付后，甲方不得以房屋已交付使用为借口懈怠其在本合同中应承担的其他义务，如：办理产权证的义务等。

第十一条　交房条件

甲方交付的房屋应当符合下列第＿＿种条件：

1. 该商品房已经有关政府部门办妥竣工验收备案手续。

2. 该商品房项目已办理初始登记手续。

3. 另行约定交房条件：＿＿＿＿＿＿＿＿＿＿＿。

以上交房条件，双方可以任选其一。

双方可以就该商品房的装饰、附属设备的规格、标准等进行协商，达成的一致意见作为本合同的附件。

第十二条　房屋及有关资料的交接

商品房达到交付使用条件后，甲方应当在合同约定的交付日＿＿日前通知乙方办理交接手续。乙方应在收到该通知之日起＿＿日内，会同甲方对该房屋进行验收交接。房屋交付的标志是＿＿＿＿＿＿。

在双方进行验收交接时，甲方应当出示本合同第十一条约定的房屋交付条件的证明文件及有关资料，并签署交接单。所购商品房为住宅的，甲方还须提供《住宅质量保证书》、《住宅使用说明书》和《商品住宅交楼书》。

甲方提供的《住宅质量保证书》、《住宅使用说明书》和《商品住宅交楼书》应不低于建设行政主管部门制定的《住宅质量保证书》、《住宅使用说明书》和《商品住宅交楼书》的最低要求。

如果甲方不出示上述证明文件及有关资料或出示不齐全，乙方有权拒绝接受交付，由此产生的延期交房的责任由甲方承担。

由于乙方原因，未能按期交付的，双方同意按以下方式处理：＿＿＿＿＿＿

第十三条　延期交房的违约责任

甲方如未能按本合同规定的期限交房，按下列第＿＿种方式处理：

1. 按逾期时间，分别处理（不作累加）：

（1）逾期不超过＿＿日，自本合同第十条规定的最后交房期限的第2日起至实际交付之日止，甲方按日向乙方支付已付房价款0.5‰的违约金，合同继续履行。

（2）逾期超过＿＿日后，乙方有权单方面解除合同。如果乙方要求继续履行的，合同继续履行，自本合同第十条规定的最后交房期限的第2日起至实际交付之日止，甲方按日向乙方支付已付房价款0.5‰的违约金。

2. ＿＿＿＿＿＿＿＿＿＿＿＿＿＿＿＿＿＿＿＿＿＿＿＿＿。

第十四条　风险责任的转移

该商品房的风险责任自交付之日起由甲方转移给乙方。如乙方未按约定的日期办理该房屋的验收交接手续，甲方应当发出书面催告书一次。乙方未按催告书规定的日期办理该房屋的验收交接手续的，则自催告书约定的验收交接日之第2日起该房屋的风险责任转移由乙方承担。

第十五条 面积确认及面积差异处理根据买卖双方选择的计价方式，本条规定以套内建筑面积（本条款中均简称面积）为依据进行面积确认及面积差异处理。

当事人选择第六条计价方式2的，不适用本条约定。

合同约定计价面积与实测计价面积有差异的，以实测计价面积为准。

商品房交付后，实测计价面积与合同约定计价面积发生差异，双方同意按以下第＿＿种方式进行处理：

1. 方式一

（1）面积误差比绝对值在3%以内（含3%），按照合同约定的价格据实结算；

（2）面积误差比绝对值超出3%，乙方有权单方面解除合同。

乙方同意继续履行合同，房屋实际面积大于合同约定面积的，面积误差比在3%以内（含3%）部分的房价款由乙方按照约定的价格补足，面积误差比超出3%部分的房价款由甲方承担，所有权归乙方；房屋实际面积小于合同约定面积的，面积误差比在3%以内（含3%）部分的房价款及利息由甲方返还乙方，面积误差比超过3%部分的房价款由甲方双倍返还乙方。

面积误差比＝［（实测计价面积－合同约定计价面积）/合同约定计价面积］×100%。

2. 方式二

双方自行约定如下：

（1）＿＿＿＿＿＿＿＿＿＿＿＿＿＿＿＿＿＿＿＿＿＿＿＿＿＿＿＿＿；

（2）＿＿＿＿＿＿＿＿＿＿＿＿＿＿＿＿＿＿＿＿＿＿＿＿＿＿＿＿＿；

（3）＿＿＿＿＿＿＿＿＿＿＿＿＿＿＿＿＿＿＿＿＿＿＿＿＿＿＿＿＿；

（4）＿＿＿＿＿＿＿＿＿＿＿＿＿＿＿＿＿＿＿＿＿＿＿＿＿＿＿＿＿。

第十六条 规划、设计的变更

该商品房预售后，甲方不得未经乙方同意擅自变更该商品房项目的规划、设计。确需变更的，甲方应征得乙方同意并报规划管理部门审核批准。不同意变更的，乙方可要求解除买卖合同。甲方应在乙方提出解除合同之日起的30日内退回已付购房款及利息（以付款日起至退款日止为期，以退款期日同期银行房地产开发贷款利率计算）。

第十七条 权利瑕疵担保

甲方应当保证作为本合同标的的商品房不存在权利瑕疵，即未设定抵押权、租赁权等；无赔偿义务，如欠缴税费、出让金等；也不存在被法院或其他国家机关、机构、部门查封的情况。

若存在权利瑕疵，甲方应在乙方指定的期限内或合理期限内消除瑕疵；超过指定期限或合理期限未消除瑕疵的，乙方有权单方面解除合同。

第十八条 产权登记

双方同意选择以下第_____方式办理产权登记：

1. 甲方办理

甲方应当在商品房交付使用后____日内，向产权登记机关为乙方办妥产权登记，并将以乙方为产权人的房地产权证交付乙方。

在此场合，乙方应当及时提供产权登记机关要求的需乙方提供的证件资料。

甲方应如实告知乙方为办理产权登记需要由乙方提供的证件资料。甲方未告知或告知的内容不完备、不准确，致使乙方未能及时提供证件资料的，乙方不承担责任。

2. 乙方办理

在甲方办结初始登记的前提下，乙方自行办理产权登记的，甲方应在商品房交付使用后____日内将登记机关要求的需甲方提供的证件资料提交乙方。

第十九条 迟延办理产权登记的违约责任

甲方违反第十八条的约定的，乙方有权按照下列第____项处理：

1. 乙方单方面解除合同并退房。

2. 乙方不退房的，甲方按自迟延之日起每日已付房价款的____%向乙方支付违约金。

3. _____。

第二十条 甲方关于装饰、设备标准承诺的违约责任

甲方交付使用的商品房的装饰、设备标准应符合双方约定（附件四）的标准。达不到约定标准的，乙方有权要求甲方按照下述第____种方式处理：

1. 甲方赔偿双倍的装饰、设备差价。

2. _____。

3. _____。

第二十一条 乙方单方解除权的行使

乙方行使本合同约定的单方面解除本合同的权利时，应书面通知甲方，甲方应在收到乙方的书面通知之日起____日内将乙方已支付的房价款（包括利息，利息按中国人民银行公布的同期房地产开发贷款利率计算）全部退还乙方，并承担赔偿责任，赔偿金额为已支付房价款的____%，在退还房款时一并支付给乙方。

第二十二条 甲方关于基础设施、公共配套建筑正常运行的承诺

甲方承诺与该商品房正常使用直接关联的下列基础设施、公共配套建筑按以下日期达到使用条件：

1. _____。

2. _____。

3. _____。

4. _____。

5. _____。

如果在规定日期内未达到使用条件，双方同意按以下方式处理：

1. _____。

2. _____。

3. _____。

第二十三条　保修责任

乙方购买的商品房为商品住宅的，《住宅质量保证书》作为合同的附件。甲方自商品住宅交付使用之日起，按照本合同以及《住宅质量保证书》的承诺内容承担相应的保修责任。

乙方购买的商品房为非商品住宅的，双方应当以合同附件形式详细约定保修范围、保修期限和保修责任等内容。

在商品房保修范围和保修期限内发生质量问题，甲方应当履行保修义务。因不可抗力或者非甲方原因造成的损坏，甲方不承担责任。

第二十四条　专项维修资金

乙方应当按照有关规定缴纳专项维修资金。维修资金属于业主所有，在签订购房合同后缴交，存入房地产行政主管部门目前在银行设立的专款账户中。

1. 广州市老八区（越秀、荔湾、东山、海珠、天河、芳村、白云、黄埔区）和广州经济技术开发区指定的银行：中国农业银行广州市北秀支行

2. 番禺区指定的银行：中国建设银行广州市番禺东兴办事处

3. 花都区指定的银行：中国建设银行股份有限公司

4. 从化市指定的银行：中国农业银行从化支行营业部

5. 增城市指定的银行：中国建设银行股份有限公司

第二十五条　双方可以就下列事项约定：

1. 该商品房所在楼宇的屋面经营的，所得收益属全体业主共同所有。

2. 该商品房所在楼宇的外墙面经营的，所得收益属全体业主共同所有。

3. _____。

4. _____。

第二十六条　乙方使用房屋注意事项

乙方的房屋仅作_____使用，乙方使用期内不得擅自改变该商品房的建筑主体结构、承重结构和用途。除本合同及其附件另有规定者外，乙方在使用期间有权与其他权利人共同享用与该商品房有关联的公共部位和设施，并按占地和公共部位与共用房屋分摊面积承担义务。

甲方不得擅自改变与该商品房有关联的公共部位和设施的使用性质。

第二十七条 关于通知的约定

本合同要求或允许的通知和通信，均自收到时起生效。

第二十八条 本合同在履行过程中发生的争议，由双方当事人协商解决；协商不成的按下述第_____种方式解决：

1. 依法向人民法院起诉。

2. 提交仲裁委员会仲裁。

第二十九条 本合同未尽事宜，可由双方约定后签订补充协议作为本合同附件。

第三十条 合同附件与正文具有同等法律效力。本合同及其附件内，空格部分填写的文字与印刷文字具有同等效力。

第三十一条 本合同连同附件共____页，一式____份；合同持有情况：甲方____份，乙方____份，广州市房地产交易所登记所____份。

甲方：_____　　　　法定代表人：_____

甲方盖章：_____　　　　签名：_____

乙方：_____　　　　（签名或盖章）

　　____年____月____日签订于广州市____区

附件一：房屋平面图

附件二：甲方针对该商品房所作的具体说明（含广告）

附件三：前期物业管理服务合同

附件四：装饰、设备标准

1. 外墙：

2. 内墙：

3. 顶棚：

4. 地面：

5. 门窗：

6. 厨房：

7. 卫生间：

8. 阳台：

9. 电梯：

10. 其他：

附件五：合同补充协议

参 考 文 献

［1］刘薇．房地产经纪．北京：化学工业出版社，2005.
［2］周伟林．房地产中介机构运作指南．北京：中国经济出版社，2004.
［3］秦兵．二手房买卖操作指南．北京：法律出版社，2006.
［4］张永岳，刘道桐．房地产经纪人基础教程．上海：上海三联书店．2000.

尊敬的读者：

感谢您选购我社图书！建工版图书按图书销售分类在卖场上架，共设22个一级分类及43个二级分类，根据图书销售分类选购建筑类图书会节省您的大量时间。现将建工版图书销售分类及与我社联系方式介绍给您，欢迎随时与我们联系。

★建工版图书销售分类表（详见下表）。

★欢迎登陆中国建筑工业出版社网站www.cabp.com.cn，本网站为您提供建工版图书信息查询，网上留言、购书服务，并邀请您加入网上读者俱乐部。

★中国建筑工业出版社总编室　电　话：010—58934845

　　　　　　　　　　　　　　　传　真：010—68321361

★中国建筑工业出版社发行部　电　话：010—58933865

　　　　　　　　　　　　　　　传　真：010—68325420

　　　　　　　　　　　　　　　E-mail：hbw@cabp.com.cn

建工版图书销售分类表

一级分类名称（代码）	二级分类名称（代码）	一级分类名称（代码）	二级分类名称（代码）
建筑学 （A）	建筑历史与理论（A10）	园林景观 （G）	园林史与园林景观理论（G10）
	建筑设计（A20）		园林景观规划与设计（G20）
	建筑技术（A30）		环境艺术设计（G30）
	建筑表现·建筑制图（A40）		园林景观施工（G40）
	建筑艺术（A50）		园林植物与应用（G50）
建筑设备·建筑材料 （F）	暖通空调（F10）	城乡建设·市政工程· 环境工程 （B）	城镇与乡（村）建设（B10）
	建筑给水排水（F20）		道路桥梁工程（B20）
	建筑电气与建筑智能化技术（F30）		市政给水排水工程（B30）
	建筑节能·建筑防火（F40）		市政供热、供燃气工程（B40）
	建筑材料（F50）		环境工程（B50）
城市规划·城市设计 （P）	城市史与城市规划理论（P10）	建筑结构与岩土工程 （S）	建筑结构（S10）
	城市规划与城市设计（P20）		岩土工程（S20）
室内设计·装饰装修 （D）	室内设计与表现（D10）	建筑施工·设备安装技术（C）	施工技术（C10）
	家具与装饰（D20）		设备安装技术（C20）
	装修材料与施工（D30）		工程质量与安全（C30）
建筑工程经济与管理 （M）	施工管理（M10）	房地产开发管理 （E）	房地产开发与经营（E10）
	工程管理（M20）		物业管理（E20）
	工程监理（M30）	辞典·连续出版物 （Z）	辞典（Z10）
	工程经济与造价（M40）		连续出版物（Z20）
艺术·设计 （K）	艺术（K10）	旅游·其他 （Q）	旅游（Q10）
	工业设计（K20）		其他（Q20）
	平面设计（K30）	土木建筑计算机应用系列（J）	
执业资格考试用书（R）		法律法规与标准规范单行本（T）	
高校教材（V）		法律法规与标准规范汇编/大全（U）	
高职高专教材（X）		培训教材（Y）	
中职中专教材（W）		电子出版物（H）	

注：建工版图书销售分类已标注于图书封底。